나는
주식 대신
달러를
산다

성공률 100% 투자자의 기발한 파이프라인

나는 주식 대신 달러를 산다

박성현 지음

RHK
알에이치코리아

대중을 따라 하는 것은
평균으로 후퇴하겠다는 말이다.

-찰스 멍거 Charles Munger

세상에서 가장 쉬운 투자

고백하건대, 나도 처음에는 남들처럼 위험한 투자를 했다. '결국'에는 돈을 잃을 수밖에 없는 구조였다. 하지만 투자의 메커니즘을 깨닫고 안전한, 그러니까 '결코' 돈을 잃지 않는 구조로 투자하게 된 계기가 있었다. 의아하게 느낄 수 있지만, 바로 도박을 경험한 뒤였다.

　도박은 돈으로 돈을 버는 가장 원초적인 방법이다. '돈 놓고 돈 먹기'라는 말이 괜히 생긴 것이 아니다. 투자 또한 돈을 투여해 돈을 버는 구조라는 점에서 도박과 그 메커니즘이 비슷해 보인다. 그러나 실제로 도박의 메커니즘을 연구하고 공부한 끝에 그 본질을 깨닫게 되니, 도박과 투자는 전혀 다르다는 것을 알게 되었다. 문제는 둘의 '다름'을 아는 것만으로는 성공적인 투자에 이를 수 없다는 것이었다. 도박의 본질을 깨닫기 위해 연구와 공부가 필요했듯, 투자 역시 그 본질을 깨닫기 위해서는 엄청난 노력이 필요했다.

나는 아주 운이 좋았다. '달러 투자'를 통해 투자의 메커니즘을 보다 쉽게 깨달을 수 있었으니까. 여기서 운이 좋았다고 표현한 이유는 달러가 다른 수단과 비교할 때 투자의 난도가 비교적 낮기 때문이다. 만약 주식처럼 어렵고 복잡한 다른 투자를 먼저 시작했더라면, 투자의 본질과 메커니즘을 깨닫는 것이 불가능했거나 깨닫기까지 아주 오랜 시간이 소요되었을지도 모르겠다. 달러 투자에 대해 잘 모르는 사람들은 이를 외환 거래의 형태 중 하나인 FX마진 거래나 달러 선물거래 등과 혼동하곤 한다. 그래서 달러에 투자하는 것이 굉장히 어렵고 힘든 일일 것으로 지레 짐작한다. 거래하는 데 비용이 많이 들고 가격 변동폭이 크지 않기에, 달러가 투자의 대상으로는 적합하지 않다고 생각하는 사람도 많다. 하지만 주식과 부동산, 달러 등 여러 대상에 직접 투자해 보고 경험한 바에 의하면, 오히려 달러는 아주 쉬운 투자 대상이었다. 거래 비용을 낮출 수 있는 방법도 얼마든지 있고, 변동성이 작다는 성질을 이용하면 안전하고 효과적으로 투자할 수 있다.

달러 투자는 주식 투자처럼 어떤 종목을 사야 할지 고민하지 않아도 된다. 부동산 투자처럼 어느 지역의 몇 평짜리 매물을 사야 하는지 고려할 필요도 없다. 물론 '외환 투자'라는 보다 큰 범주에서 보면, 다른 나라의 돈이 미국의 달러만 있는 것은 아니다. 일본의 엔화도 있고 중국의 위안화, 유럽의 유로화도 있다. 하지만 이 책의 제목에서 외환이 아닌 미국의 '달러'를 콕 집어 명시한 것만 봐도, 종목 선택을 고민할 필요가 없다고 한 이유를 알 수 있을 것이다. 그렇다, 투자할 대상이 여러 나라의 돈 중 미국의 달러로 정해져 있다. 주식으로 따지면 종목이 이미 정해져 있는 셈이다.

주식 투자는 어떤가? '삼성전자 투자' 혹은 '현대차 투자'처럼 특정 종목에만 한정해 투자하는 경우는 없을 것이다. 부동산 투자도 아파트 투자, 건물 투자, 상가 투자처럼 대상을 좁혀 전문적으로 투자하는 경우가 있긴 하지만, '아크로리버파크 투자'나 '은마아파트 투자'처럼 특정 부동산에만 투자하는 경우는 흔치 않다. 일단 여기까지만 봐도, 달러의 가치를 어느 정도 가늠해 볼 수 있다.

투자는 기본적으로 가치 있는 자산이 그 대상이 된다. 가치 있는 자산은 인플레이션에 의해 시간이 흐를수록 가격이 상승한다. 물론 삼성전자 주식이나 아크로리버파크 아파트도 2021년 4월 현시점 그 가치를 인정받아 높은 가격에 거래되고 있긴 하지만, 그 자체가 절대적 가치를 품고 있다고는 할 수 없다. 반면, 금이나 은 같은 투자 자산은 달러처럼 특정 투자 대상이 정해져 있다. 구리, 다이아몬드, 오일, 천연가스 등도 마찬가지다. 이들의 공통점은 그 고유의 절대적 가치, 즉 대체 불가한 어떤 가치를 지니고 있다는 것이다. 달러는 미국을 제외한 어떤 나라에서도 발행하지 못하는 통화다. 무엇보다 세계 어느 곳에 가더라도 통용되는, 말하자면 미국의 돈을 넘어 세계의 돈이라고도 할 수 있다.

투자 대상이 정해져 있다는 것은 주식이나 부동산에서처럼 투자 성패를 가르는, 이를테면 어떤 회사의 주식이나 어떤 지역의 부동산 같은 구체적 대상을 고민할 필요가 없다는 의미다. 아파트를 살 때는 어디에 위치하는지, 몇 평짜리인지, 몇 층인지, 방은 몇 개인지, 화장실은 몇 개인지, 수도와 전기는 잘 공급되고 있는지, 보일러는 개별난방인지 중앙난방인지, 베란다는 남향인지 북향인지, 지하철은 얼마나 가까운지 등 확인해야 할 것이 수없이 많다. 주식 투자도 그렇다. 해당 기업의 PER(주가수익비율), PBR(주가순자산비율), PCR(주가현금흐름비율), PSR(주가매출비율), ROE(자기자본수익률), ROA(총자산수익률), 배당 성향, 최근 결산일의 매출 및 영업이익, 부채 비율 등 꼼꼼히 따져봐야 할 것들이 산더미다. 하지만 달러 투자는 투자 대상이 아주 명확하기에 이 같은 복잡한 과정을 모두 건너뛸 수 있다. 내가 달러 투자를 세상에서 가장 쉬운 투자라고 말

나는 주식 대신 달러를 산다

하는 것도 이 때문이다.

하지만 투자 난도가 주식이나 부동산 투자에 비해 낮다고 해서 결코 만만하게 봐서는 안 된다. 이는 상대적인 난도일 뿐, 달러 투자를 제대로 하기 위해서는 알아둬야 할 것들이 적지 않다. 바로 이것이 세상에서 가장 쉽다는 달러 투자를 하기로 결정한 이들이 이 책을 읽어야 하는 이유다.

주식이든 부동산이든 종목이나 대상을 선정했다고 해도, 투자의 메커니즘과 철학, 구조, 거래 방법 등에 따라 매수와 매도 같은 거래 과정이 필요하다. 달러의 경우 종목 선정의 과정은 건너뛸 수 있지만, 거래 과정은 다른 투자와 크게 다르지 않다. 하지만 내가 그랬듯, 이 책을 통해 투자의 메커니즘을 깨닫는다면 달러 투자뿐만 아니라 주식이나 부동산에 투자할 때도 활용할 수 있는 '쓸모 있는 투자 지식'을 얻게 될 것이다. 실제로 나는 성공적인 달러 투자 경험과 그로 인해 마련한 투자 시스템을 주식 투자에도 활용함으로써, 발전적인 변화를 맛보았다. 따라서 이 책은 달러 투자에 관심 있는 사람은 물론, 주식 투자의 성공률을 높이려는 사람에게도 매우 유용하리라 본다. 특히 달러 투자를 통해 확보한 달러는 미국 주식 투자의 시드 머니로 활용할 수 있으므로, 해외 투자를 위한 출발점으로 삼아도 좋겠다.

단, 시중에 나와 있는 달러 관련 책들처럼 화폐와 환율에 관한 인문학적 고찰이나 경제적 효용 같은 거시적인 이야기와 이론은 최대한 배제했다. 달러 투자로 큰돈을 벌어본 내 입장에서 사실상 그런 지식은 별로 도움이 되지 않았고, 결정적으로 내 머릿속엔 그런 고차원적 지식이 많지도 않아서다. 이 책은 달러를 물건처럼 산 뒤 되팔아 수익을 만들어 내는 방법으로 가득 차 있다. 달러로 돈을 버는 일, 즉 돈으로 돈을 버는 일이 궁금하다면 내가 갔던 길을 그대로 따라오면 된다.

나는 총 7장으로 이 책을 구성했다. 1장에서는 왜 달러가 좋은 투자처인지를 알아보면서 달러 투자의 기본적인 개념을 이해할 수 있게 했다. 실제 달러 투자를 본격적으로 시작하고 난 뒤, 나는 관련 책과 정보를 찾아 헤매야만 했다. 환차익을 주목적으로 하는 달러 투자법을 다룬 책은 어디에도 없었고, 관련 정보 역시 부족했다. 그도 그럴 것이 17세기부터 시작된 주식 투자와는 달리, 외환 투자의 경우 환율이라는 개념이 생긴 게 1970년대 이후일 만큼 그 역사가 매우 짧다. 특히나 원화를 베이스로 하는 달러 투자는 우리나라에서만 가능하므로 당연한 일이다. 그런 의미에서 이 책은 달러 투자에 관한 대한민국 최초의 책이자 세계에서도 유일한 책이라 할 수 있다. 그러므로 그 기본적인 투자 개념을 정립하는 것이 내게는 매우 중요한 일이고, 이 책을 통해 처음 달러 투자를 시작하려는 사람들에게도 아주 중요하리라 생각한다.

2장에서는 달러의 절대적 가치를 가늠해 볼 수 있는 데이터와 달러 투자의 가장 높은 허들로 꼽히는 거래 비용의 구조를 파헤치고 달러 투자를 시작하기 전 반드시 알아야 할 사항을 정리했다. 특히 달러를 매수할 때 드는 거래 비용은 꼭 달러 투자가 아니더라도 해외여행이나 출장 등 일상에서 달러 환전을 할 때도 활용할 수 있는 정보이므로, 알아두면 유용할 것이다. 3장에서는 달러 투자를 통해 어떻게 수익을 낼 수 있는지, 지금으로서는 대단히 생소할 수밖에 없는 달러 투자에 관한 보다 구체적인 내용을 다루었다. 4장에서는 달러를 사고파는 행위, 즉 달러 거래를 할 수 있는 여러 가지 방법을 소개함으로써 이론 너머의 실전 투자법을 소개한다. 거래 비용을 최소화하고 보다 효율적으로 달러 투자를 하기 위해 필요한 노하우들이다. 참고로, 4장까지의 내용만 숙지해도 기본적인 달러 투자를 실행할 수 있을 것이다.

그다음 5장에서는 달러 투자에 국한하지 않고, 거의 모든 투자 분야에서 특정 메커니즘이 작동하는 방식을 정리했다. 이는 내가 직접 경험한 뒤 깨달은 바가 토대가 되었는데, 달러는 물론 부동산과 주식 투자를 통해 성공적인 결과를 얻을 수 있었던 비결 중에서도 내가 가장 중요하다고 생각하는 '투자의 메커니즘'이 무엇인지 여러분도 엿볼 수 있을 것이다. 6장과 마지막 7장에서는 앞서 이야기한 투자의 메커니즘을 이용해 내가 실제로 어떤 방법으로 달러에 투자해 왔는지 보여주고자 한다. 달러를 최초로 매수해 추가 매수를 거쳐 수익을 실현하기까지, 그 일련의 투자 과정에서 좀 더 효과적으로 의사 결정하는 방법이라고 보면 된다. 특히 투자를 하다 보면 멘탈이 쉽게 무너질 수밖에 없는데, 나는 멘탈을 다잡기 위한 방책으로 '세븐 스플릿7 Split 달러 투자 시스템'이란 것을 고안해 냈다. 이 장에서는 이를 통해 기술적인 측면뿐 아니라 투자할 때 가져야 할 마음 자세에 관해서도 이야기해 보려고 한다.

이에 더해 달러 투자로 인한 수익을 극대화할 수 있는 전략 중 하나로 활용하고 있는, 내가 현재 투자 중인 미국 월 배당 ETF와 월 배당 리츠도 부록에 공개했다.

나를 월급 노예 18년의 삶에서 해방시키고 내게 경제적 자유를 안겨준 파이프라인 중 하나인 달러 투자를, 이 책을 통해 독자들에게 소개할 수 있어서 기쁘다. 아무쪼록 이 새로운 투자법으로 많은 이가 경제적 어려움에서 벗어나, 새로운 기쁨과 희망을 맛보았으면 하는 바람이다.

박성현

나는 주식 대신 달러를 산다

차 례

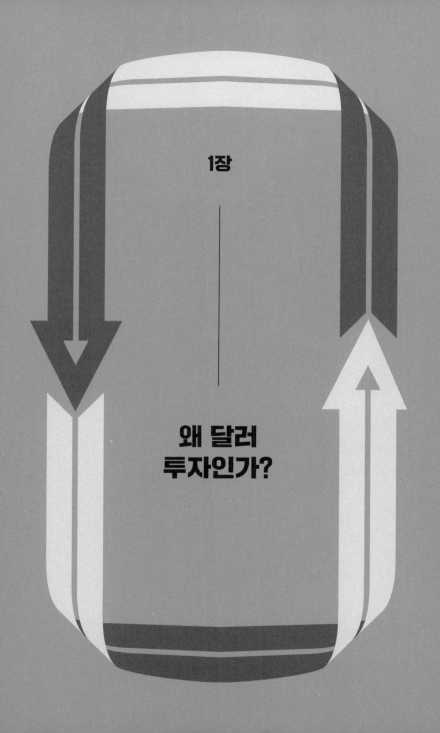

1장

왜 달러
투자인가?

우리나라에서만 제한적으로 사용할 수 있는 원화로
전 세계에서 사용할 수 있는 달러를 산다는 건
전혀 위험할 게 없는 행위다.

돈으로 더 가치 있는 돈을 산다

"5만 원짜리 지폐 1장을 사려면 얼마가 필요할까?"

이 책을 읽고 있는 대부분의 사람들은 '뭐 이런 바보 같은 질문
이 다 있나?'라고 생각할 것이다. 5만 원짜리 지폐 1장의 가격
은 그냥 5만 원이기 때문이다. 굳이 쓸데없고 복잡하게 답한다
면, 1만 원짜리 5장 혹은 1,000원짜리 50장이 필요하다고 말할
수 있겠다. 하지만 이 질문을 조금만 바꿔 다음처럼 묻는다면,
많은 사람이 바로 대답하지 못할 것이다.

"100달러짜리 지폐 1장을 사려면 얼마가 필요할까?"

그런데 똑같은 질문을 미국에 살고 있는 사람들에게 한다면 '뭐 이런 바보 같은 질문이 다 있나?'라고 생각할 가능성 또한 크다. 질문의 내용은 같은데, 이를 한국인에게 하느냐 혹은 미국인에게 하느냐에 따라 반응이 달라진다는 것은 신기하고 또 재미있는 현상이다. 해외여행이나 출장을 한 번이라도 경험한 사람이라면 이것이 '환율'이란 개념과 연관된 문제라는 걸 짐작했을 것이다.

'돈'의 사전적 정의가 무엇인지 아는가? 사물의 가치를 나타내며, 상품의 교환을 매개하고, 재산 축적의 대상으로도 사용하는 물건이다. 여기서 주목해야 할 것은 돈이 '물건'이기도 하다는 점이다. 지금까지 돈을 물건을 사기 위한 '수단'으로만 생각했다면, 이제부터는 그 자체로 '가치 있는 물건'이라는 생각도 해야 한다. 그래야 이를 사고파는 행위, 즉 달러 투자로 돈을 벌 수 있기 때문이다.

'환율'이란 외국 돈을 살 때 지급해야 하는 우리나라 돈의 교환 비율을 뜻한다. 또한 '환전'은 우리나라 돈을 외국 돈으로 바꾸는, 우리나라 돈으로 외국 돈을 사는 것을 의미한다. 돈으로 돈을 산다는 것이 생소하게 느껴진다면, 앞에서 본 사전적 정의대로 '물건'이라고 생각하면 이해하기 쉬울 것이다.

이 세상에 존재하는 가치 있는 모든 물건은 사고팔 수 있다. 그리고 그 과정에서 '이윤'이 발생한다. 1,000원의 가치가 있는 물건을 살 때는 1,000원을 지급하는 게 당연하고, 또 이를 팔 때도 원래 가치인 1,000원에 파는 것이 지당하지만, 어떤 물건이든 살 때와 팔 때의 가격은 다르게 형성되곤 한다. '이윤 추구'로 인해, 가격의 차이가 발생하기 때문이다.

요즘에는 아이스크림만 전문적으로 판매하는 가게가 있는데, 이곳에서는 보통 정가가 1,000원으로 매겨진 아이스크림도 300원에 살 수 있다. 하지만 등산을 하다가 산 정상에서 만난 아이스크림 장수에게 똑같은 아이스크림을 사려면 적어도 2,000원은 내야 할 것이다. 아이스크림 장수는 무거운 아이스박스를 짊어 메고 산 정상까지 오르는 수고에 대한 대가로 개당 1,700원의 이익을 얻는 것이다.

미국의 5대 갑부 중 하나이자 전설적인 투자자로 알려진 워런 버핏Warren Buffett은 말했다. "저의 첫 번째 투자 원칙은 '절대 잃지 않는다'입니다. 그리고 두 번째 원칙은 '첫 번째 원칙을 잊지 않는다'이죠. 그게 전부입니다. 무엇이든 그것의 가치보다 싸게 사면 돈을 잃지 않습니다." 이 명언에서 우리가 주목해야 할 부분은 '무엇이든 그것의 가치보다 싸게 사면 돈을 잃지 않는다'는 것이다. 달러를 사서 팔 때도 아이스크림 장수가 그랬던 것처럼 그것의 가치보다 싸게 사서 비싸게 팔면 수익을 낼 수 있다. 달러는 아이스크림처럼 장소에 따라 가격이 변하기도 하지만, 그보다는 시간에 따라 가격이 크게 변한다. 따라서 달러 투자를 간단하게 정리하자면, 가격 변동에 따라 '쌀 때 사서 비쌀 때 팔면 되는' 쉽고 단순한 구조다.

여기서 해외여행을 위해 환전할 때 유용한 팁 하나를 주겠다. 우리나라에서 원화를 바로 현지 통화로 바꾸기보다 원화를 달러로 바꾼 뒤 현지에서 현지 통화로 환전하는 것이 유리하다는 것이다. 베트남이나 필리핀 같은 동남아시아로 여행할 때는 특히 그렇다. 베트남 여행을 계획 중이라면, 우리나라에서 원화를 베트남 동으로 바로 바꾸지 말고, 원화를 달러로 바꾼 후에 베트남에 가서 달러를 동으로 바꾸는 것이 훨씬 좋다.

가뜩이나 귀찮은 환전을, 그것도 2번이나 해야 한다니 의문이 생길 것이다. 그냥 원화를 가져가 현지에서 바꾸면 환전

나는 주식 대신 달러를 산다

수수료도 아낄 수 있으니 더 낫지 않을까 싶을 수 있다. 하지만 내가 이 방법이 훨씬 유리하다고 말한 이유는 2가지 때문이다. 첫째, 환전 수수료를 아낄 수 있다. 원화를 달러로 환전할 때는 최대 90%의 환전 수수료 우대율이 적용되는데, 원화를 달러 이외의 외국 통화로 환전할 경우, 심지어 그게 엔화나 위안화, 유로화처럼 환전 수요가 많지 않은 동남아시아 지역의 돈이라면 우대율이 50% 이하로 대단히 낮다. 둘째, 해외에서는 우리나라 돈, 즉 원화보다 미국 돈, 즉 달러의 가치를 훨씬 높게 인정해 준다. 이는 산에서 아이스크림을 팔 때 일어나는 일과 비슷하다. 장소에 따라 달러의 가치를 좀 더 높게 평가해 주는 경우가 있는데, 그곳이 바로 베트남 같은 곳에서다.

이제 정리해 보자. 달러 투자란 원화로 '달러'라는 보다 가치 있는 물건을 사되, 이를 쌀 때 사서 비싸게 팔아 수익을 얻는 일이다. 같은 크기의 달러도 우리나라보다 베트남 같은 지역에서 더 큰 가치를 갖는다면, 그 차이를 이용해 수익을 낼 수 있다. 어떤 물건의 가격은 그것이 장소의 변화 때문이든 시간에 따른 변화 때문이든 계속 변화하지만, 그것이 항상 가치와 똑같이 움직이는 것은 아니다. 따라서 이를 이용해 돈을 벌 기회를 얻을 수 있다.

달러의 적정 가치

투자는 기본적으로 어떤 대상을 싸게 사서 비싸게 팔아 수익을
내는 행위다. 그런데 그 대상을 싸게 사려면 너무 당연하게도
그 대상의 '적정 가치'를 알아야 한다. '묻지 마 투자'가 위험한
것은 바로 적정한 가치를 파악하지 못한 상태에서 대상을 사기
때문이다. 워런 버핏의 말처럼 싸게 사서 비싸게 팔면 절대로
돈을 잃을 일이 없는데 말이다.

　부동산이나 주식의 경우 대상의 가치를 산정하는 일이 매
우 어렵고 복잡하다. 아파트를 살 때는 입지와 교통, 학군, 자연

환경 등 다양한 조건을 고려해야 하며, 주식을 살 때도 PER, PBR, ROE는 물론이요, 어디에 쓰는 것인지 정체도 알기 힘든 재무지표와 회사의 자산 가치까지 종합적으로 고려해야만 대상의 적정 가치가 어느 정도인지 파악할 수 있다.

그런데 돈은 어떤가? 부동산이나 주식과 비교할 때 현금은 '그것의 가치'를 산정하기 매우 쉽다. 다소 허무하게 보일 정도로, 그 가치가 아주 명확하게 커다란 숫자로 적혀 있기 때문이다. 5만 원짜리 지폐의 가치는 5만 원, 100달러짜리 지폐의 가치는 100달러다. 다소 말장난 같아 보이는 '돈의 가치'는 달러 투자에서 매우 중요한 투자 철학이라고 할 수 있다. 아파트를 사는 것도, 주식을 사는 것도, 금을 사는 것도 실제 가치보다 싸게 샀는지는 명확히 알 수 없기에 손실의 위험이 항상 도사리고 있지만, 달러는 그것의 가치가 비교적 명확하게 적혀 있기에 상대적으로 매우 안전한 투자 대상이 되는 것이다. 하나 안타까운 것이라면, 돈에 표시된 가치가 다른 나라의 돈과 교환할 때는 조금 다르게 책정될 수도 있기에 그 적정 가치를 가늠하기 위한 여러 가지 노력이 필요하다는 점이다.

여기서 잠깐, 가치와 가격의 차이가 무엇인지 살펴볼 필요가 있다. 보통 주식 투자에서 가치와 가격의 차이를 설명하는 다양한 비유가 있다. 주가, 즉 주식의 가격을 나무의 그림자에 비유하는 것도 그중 하나다. 아침에는 길었던 나무의 그림자가 한낮에는 짧아지고, 오후에는 다시 길어진다. 밤이나 심지어 비가 오는 날에는 잠시 사라지기까지 한다. 하지만 그 실체인 나무는 눈에 보이지 않을 만큼 조금씩 성장하고 있다. 시간의 축에서 우상향하고 있는 것이다.

다시 한번 정리하면, 나무의 실제 가치는 눈에 보이지 않을 만큼 계속해서 조금씩 성장하고 있는데, 나무의 가격 그러니까 그림자는 낮에는 짧았다가 오후가 되면 길어지고, 밤에는 사라져 버리기까지 한다는 것이다. 따라서 현명한 투자를 하기 위해서는 그림자를 보지 말고 나무를 봐야 한다. 그래야 그림자로는 절대 알 수 없는, 귀하고 맛 좋은 열매를 발견할 수도 있는 것이다. 달러의 가격은 한눈에 알 수 있게 커다란 숫자로 새겨져 있지만, 그것의 가치는 그림자처럼 늘었다 줄었다를 반복한다. 단, 부동산이나 주식 등의 현물 자산과 비교할 때 달러는 그 가치 등락이 제한적이다. 인플레이션이라는 변수가 작용하기는 하지만, 달러가 미국이라는 나라 안에서 존재할 경우 그 가치와 가격이 새겨진 숫자만큼의 수준에서 크게 벗어나지 않는다. 이러한 이유로 달러가 다른 나라 통화와의 교환 비율에 따라 그 가치가 달라진다고 해도 그 범위는 제한적일 수밖에 없다. 이처럼 절대적 가치가 정해져 있는 자산에 투자하면 그 가격이 달라지더라도 큰 문제가 발생하지 않는다.

2018년 초 모든 이가 비트코인 같은 가상화폐에 열광하던 그때, 나도 큰돈을 벌었다. 다른 점이라면 나는 가상화폐가 아닌 리얼화폐 그러니까 달러 투자로 큰돈을 벌었다는 것이다. 당시 원/달러 환율 1,000원이 깨지느냐 마느냐 할 정도로, 환율이 아주 낮은 수준이었기에 가능한 일이었다. 나는 달러의 가격이 그 실제 가치보다 엄청나게 싸다고 생각했기에 큰돈을 투자해도 위험하지 않다고 판단했다. 모두가 가상화폐 열풍의 해로 기억하는 그때를 내가 달러 투자의 가장 좋은 해로 기억하는 이유다. 당시 내가 달러 거래를 하던 은행은 약 8군데였는데, KB국민은행 한 곳에서 매수한 달러만 원화로 70억 정도였다. 내가 그렇게 큰 금액을 거래해 달러로 수익을 낼 수 있었던 것은 가치와 가격의 차이를 알고 있었기 때문이다. 만약 누군가가 강남에 있는 30평짜리 아파트를 1억 원에 사라고 한다면 어떻겠는가? 그 가치를 이미 알고 있으니 말 그대로 영혼이라도 끌어서 사려고 하지 않겠는가? 당시 '원/달러 환율 1,000원'이란 나에게 그런 의미였다. 달러의 가치를 가늠해 볼 수 있는 여러 데이터와 가격 추이를 살펴본 후, 나는 가치에 비해 가격이 대단히 낮게 책정된 상태라고 판단했다.

수많은 돈 중에서 왜 하필이면 달러에 투자하라는 것인지 궁금할 수 있다. 솔직히 나는 엔화나 유로화 그리고 위안화 같은 다른 나라 돈에 투자하는 데는 매우 소극적이다. 그 이유는 아주 간단하다. 달러가 다른 어느 나라의 돈보다 더 가치 있다고 생각하기 때문이다. 원화는 우리나라에서만 사용하는 돈이지만 미국의 달러는 미국뿐만 아니라 전 세계에서 사용하는 돈이다. 굳이 수요와 공급의 법칙을 대입하지 않더라도 사용하는 나라 그리고 사용하는 사람들이 많다는 것만으로도 그 가치는 어느 정도 증명되었다고 할 수 있다. 달러는 국제 간의 결제나 금융거래의 기본이 되는 돈, 즉 '기축통화Key Currency'다. 그냥 '세계의 돈'이라고 생각하면 이해가 쉽다.

우리나라 돈으로 세계의 돈을 사는 행위는 효용 가치가 낮은 돈으로 효용 가치가 높은 돈을 사는 것이라고 할 수 있다. 물론 가치가 낮은 것과 가치가 높은 것을 맞바꾸려면 가치가 낮은 것이 더 많이 필요하다. 단, 돈이라는 물건에는 그 당연한 원칙이 지켜지지 않을 때가 많다. 여기에 바로 투자의 기회가 숨어 있다. 달러는 분명 가치 있는 물건이다. 하지만 아무리 가치 있는 물건을 가지고 있어도 처음 산 가격보다 비싼 가격으로 팔 수 없다면 손실을 입을 수밖에 없다. 내가 비교적 큰 금액으로 달러를 매수할 때도 크게 주저하지 않는 건, 돈으로 돈을 산다는 것 자체가 어찌 보면 아무것도 사지 않았다고도 할 수 있는 행위이기 때문이다. 하지만 투자 행위는 제로섬Zero-Sum이 아닌 플러스섬Plus-Sum을 만들어 내야 한다. 돈으로 돈을 사는 행위는 제로섬이기에 플러스섬이 되려면 돈으로 돈을 산 후 다시 되팔았을 때 원래의 돈보다 더 많아져야 한다.

이 말은 매수의 행위에는 리스크가 거의 없는 반면, 매도의 행위에는 리스크가 따를 수 있다는 의미이기도 하다. 또한 이 말은 손실의 상황에서도 매도라는 '실현' 행위를 하지만 않으면 절대로 잃지 않는 투자가 성립된다는 의미도 된다.

실제로 달러를 매수할 때는 약간의 거래 비용이 발생한다. 환전 수수료가 바로 그것이다. 이는 현금 기준으로, 기준 환율과 살 때와 팔 때로 구분되는데, 이 3가지 형태의 가격엔 보통 1.75% 정도의 차이가 있다. 즉 기준 환율이 1,000원이라면, 살 때의 환율은 17.5원이 비싼 1,017.5원이고, 팔 때의 환율은 17.5원이 싼 982.5원이다. 돈으로 돈을 사면 제로섬이어야 하지만 환율이 변하지 않는다고 전제해도 사고파는 행위로만 살 때 1.75%, 팔 때 1.75%, 도합 3.5%의 손실이 발생한다는 것을 알 수 있다. 투자의 세계에서 3.5%의 수수료는 거의 살인적인 수준이라고 할 만큼 크다. 증권 거래세 0.3%와 비교하면 10배가 넘고, 2020년 기준 은행의 1년 만기 정기 예금 이자보다도 훨씬 높은 수준이다.

만약 이 무지막지한 크기의 환전 수수료를 부담해야 한다면, 차라리 투자를 하지 않는 편이 현명하다고 할 수 있다. 하지만 은행도 양심은 있는지, 이 환전 수수료를 모두 챙기지는 않는다. '환전 수수료 우대율'을 적용해 주는 것이다. 만약 환전 수수료 우대율 90%를 적용받는다면, 환전 수수료는 3.5%가 아니라 0.35%가 된다. 이는 주식 투자 시 증권사 거래 수수료와 증권 거래세를 합한 수준과 비슷하다. 돈으로 돈을 사는 환전은 아무것도 사지 않은 것 같은 안전한 일이긴 해도 비싼 환전 수수료를 부담해야 한다면, 투자의 성공 확률도 그만큼 낮아질 수밖에 없다. 따라서 달러 투자에서 가장 중요한 시작은 이 환전 수수료를 가능한 한 낮추는 것이라고 할 수 있다.

정리해 보자. 달러 투자는 가치와 가격의 괴리를 이용해 시세차익을 얻는 투자다. 달러는 기축통화라는 효용 가치로 인해 기본적인 가치를 지니므로, 거래 비용을 최소화할 수만 있다면 잃지 않는 안전한 투자가 가능하다.

원/달러 환율? 달러/원 환율?

우리는 흔히 '원/달러 환율'이라고 말하지만, 사실은 '달러/원 환율'이라고 하는 것이 정확하다. 원화 대비 달러의 가치를 표기한 것이기 때문이다. 외환 시장에서 환율을 표기하는 방식은 기준이 되는 통화를 앞쪽에 쓰는 것이 일반적이다. 단, 뉴스 등 언론에서 '원/달러 환율'이라는 말을 자주 쓰고, 우리 역시 이에 익숙해져, '원/달러 환율'이라는 표기와 '달러/원 환율'이라는 표기 둘 다 사용하게 되었다. 이 책에서는 보다 우리에게 친숙한 '원/달러 환율'이란 단어를 사용하고자 한다.

나는 주식 대신 달러를 산다

달러의 가치와 가격

물건을 사려면 가격을 알아야 하듯 달러를 사려면 먼저 원/달러 환율, 즉 기준 환율을 알아야 한다. 나는 총 2가지의 방식으로 환율을 확인한다. 하나는 네이버naver.com 환율 정보, 다른 하나는 인베스팅닷컴investing.com의 환율 정보를 통해서다.

먼저 네이버 환율 정보를 보는 방법은 어렵지 않다. 네이버 검색창에 '환율' 혹은 '달러' 같은 단어를 입력해 검색하면 바로 기준 환율이 나온다. 모바일로도 검색할 수 있는데, 스마트폰에 바로 가기 버튼을 만들어 두면 필요할 때마다 확인할

자료원 : 네이버 화면

수 있어 편하다. 단, 기준 환율은 은행에 따라 조금 다를 수 있는데, 그 차이가 1~2원 정도로 클 때도 있으므로 반드시 확인해서 비교할 필요가 있다. 참고로, 네이버 환율 정보는 하나은행과 신한은행의 기준 환율이다.

　인베스팅닷컴에서는 환율은 물론 주식이나 선물, 원자재 같은 투자 관련 다양한 정보를 얻을 수 있다. 해외 영문 사이트이기는 하지만 한국어 버전도 지원하므로 메뉴 상단의 언어를 한국어로 선택하면 쉽게 이용할 수 있다.

　달러 투자에 필요한 환율 정보는 상단 메뉴 중 '차트'를 선택해 'Forex, 차트'라는 메뉴를 클릭하면 원/달러 환율은 물론 달러/엔, 엔/원, 유로/원 등 세계 각국의 환율 정보를 실시간

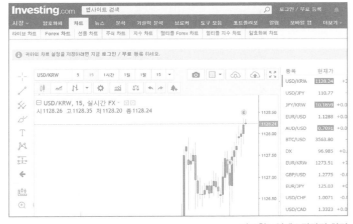

자료원 : 인베스팅닷컴 화면

차트와 함께 살펴볼 수 있다.

　인베스팅닷컴은 모바일앱 서비스도 제공하고 있는데, 투자자들에게는 필수 앱이라고 해도 과언이 아닐 정도로 유용한 많은 정보를 얻을 수 있다.

　내가 네이버와 인베스팅닷컴 두 곳을 거의 동시에 확인하는 것은 두 환율 정보가 약간의 시차를 두고 다른 가격을 보일 때가 많기 때문이다. 인베스팅닷컴의 경우 글로벌하게 변하는 환율 정보를 24시간 제공받을 수 있다는 점에서 네이버 환율 정보와 다르다. 실제로 환전 시 적용되는 기준 환율은 결국 은행에서 제공하는 것이므로, 인베스팅닷컴의 환율과 비교하는 것이 매우 중요하다. 내가 관찰한 바에 의하면, 인베스팅닷컴의 실시간 환율이 은행에서 적용하는 환율보다 더 빠르게 적용되곤 했다. 해서 그 시간차에서 발생하는 데이터를 통해 아주 짧은 시간이지만 환율의 움직임을 예측할 기회를 포착할 수 있었다. 예를 들어, 인베스팅닷컴의 실시간 환율은 1,000원인데 내가 달러를 매수하려는 은행의 기준 환율이 1,001원이라면, 몇 초 혹은 몇 분 정도 더 기다리면 은행의 기준 환율 역시 1,000원으로 내려갔다. 반대로 인베스팅닷컴의 실시간 환율이 1,000원인데, 은행의 기준 환율이 999원일 때도 있었는데, 이는 조만간 은행 기준 환율이 1원 올라갈 가능성이 큰 것이므로 이때는 지체 없이 달러를 매수하는 것이 유리한 선택이 되었다. 원/달러 환율에서의 1원은 약 0.07~0.1% 정도의 수익 차이를 가져온다. 개인적으로 나의 달러 투자 목표 수익률이 0.3~1%라는 걸 고려하면 결코 작은 차이가 아니다.

원화를 기준으로 하는 달러의 가격은 상대적일 수밖에 없다. 달러 자체의 가치 변화와 관계없이 원화의 가치 변동만으로도 달러의 가격이 등락할 수 있다는 이야기다. 다만 이는 기업의 내재 가치에 변화가 없어도 주가가 매일, 매시간, 매분, 매초 등락하는 것과는 그 원인과 개념에서 조금 다르다. 주가의 단기적 변화는 매수자와 매도자의 선택에 의한 수급으로 결정된다. 따라서 주가 등락은 인간의 심리적인 요인 등에 의한 것일 가능성이 크다. 반면 달러의 절대적 가치에 변화가 없음에도 원/달러 환율이 변하는 것은, 수급의 영향도 있긴 하지만 '원화 가치의 변화'가 더 큰 영향을 미칠 때가 많다.

현재 원화의 가치엔 북한과 대치 중이라는 '코리아 디스카운트'가 일부 반영되어 있다. 하지만 북한이 완전한 비핵화를 이루거나 종전 선언으로 대한민국에 평화가 찾아온다면 코리아 디스카운트가 해소될 것이며, 원화의 가치도 크게 상승할 것이다. 그런데 이는 곧 원/달러 환율의 하락을 의미한다. 원/달러 환율은 상대적인 것이라서 '달러의 가격이 하락한다'는 것은 크게 2가지 의미를 지닌다. 하나는 달러의 절대적 가치 하락, 다른 하나는 원화의 가치 상승이다.

달러 투자를 통해 수익을 얻고 싶은가? 그렇다면 원/달러 환율이 하락했다는 이야기를 들었을 때, 달러의 가치가 하락했다는 것과 원화의 가치가 상승했다는 것 그리고 이 2가지 상황이 발생했다는 사실을 머릿속에 곧바로 떠올릴 수 있어야 한다. 이 대목에서, '원/달러 환율이 하락했으면 그냥 가격이 저렴해진 것으로 보고 달러를 매수하면 되지 않나?' 하는 의문이 생길 수 있다. 이때 달러 투자에 있어 매우 중요한 일 하나가 등장한다. 바로, 원/달러 환율의 하락 요인을 분석하는 것이다.

앞에서 나는 달러 투자란 달러를 저렴할 때 사서 비싸게 파는 것이라고 했다. 그렇다면 달러 가격이 싸졌다는 건 이를 무조건 매수할 타이밍이란 이야기가 아닌가? 하지만 여기서 우리는 가치와 가격에 대해 고민해야 한다. 원/달러 환율이 하락했다. 이런 결과가 달러 가치의 하락으로 일어난 것인가, 달러 가격이 떨어져서 일어난 것인가? 이를 구분할 줄 알아야 한다. 원/달러 환율의 하락은 2가지 원인으로 일어날 수 있기 때문이다.

1. 달러의 가치가 하락해서

2. 그냥 달러 가격이 하락해서

이러한 일이 벌어지는 이유는 달러의 가치 역시 다른 나라 돈과의 비율에 영향을 받아 정해지기 때문이다. 조금 복잡하게 들리겠지만, 원/달러 환율이 달러 대비 원화의 교환 비율을 뜻하듯 달러의 가치도 여러 다른 나라의 돈 대비 달러의 교환 비율을 의미한다. 이것이 바로 '달러 지수'다. '달러 인덱스 지수'라고도 불리는 달러 지수는 달러의 절대적 가치라고 할 수 있다. 그래서 이를 기준으로 원화의 가치에 따라 원/달러 환율의 상승과 하락이 결정된다. 기억해야 할 것은 원/달러 환율은 어떤 '값'이 아닌 '비율'이라는 사실인데, 달러 지수 역시 '비율'이다. 달러 지수는 1973년 3월을 기준 100으로 하여 세계 주요 6개국 통화 대비 미국 달러의 평균 가치를 비율로 산정해 지수화한 지표로, 미국연방준비제도에서 작성하고 발표한다. 이때

나는 주식 대신 달러를 산다

그 기준이 되는 통화의 비중은 유럽의 유로화 57.6%, 일본의 엔화 13.6%, 영국의 파운드 11.9%, 캐나다의 달러 9.1%, 스웨덴의 크로나 4.2%, 스위스의 프랑 3.6%다.

유로화가 절반 이상의 비중을 차지하기에, 달러 대비 유로화의 가치가 상승하면 달러 지수는 하락하는 구조다. 따라서 달러 투자는 기본적으로 미국의 경제 발전에 베팅하는 투자라고 할 수 있다. 반대로 미국의 달러 약세에 베팅한다는 것은 곧 유럽의 경제 발전에 투자하는 것이다.

코로나19와 미·중 무역 분쟁 등 대외적 위협 요소들로 인해 미국이 흔들린 적도 있지만, 경제적으로는 물론 군사적으로도 미국은 여전히 '넘사벽' 국가이다. 해서 위기가 닥친다 해도 언제 그런 일이 있었냐는 듯 정상화될 가능성이 크다. 달러 지수의 하방은 어느 정도 한계가 있으며, 언제 반등해도 이상할 것이 없다는 말이다. 문제는 원화의 가치다. 달러에 비해 가치가 크게 하락해 버린 원화는 하방도 열려 있어서 원/달러 환율이 더는 하락하지 못하는 경우가 생기기 때문이다. 한마디로 '저렴해진 것을 더욱 싸게 사지 못하게 되는 상황'이라고 할 수 있다. 이렇게 투자하기 애매할 때는 범위를 크게 잡고, '쌀 때 없었던 달러는 가격이 올라도 없을 것'이라는 생각으로 조금씩 모아가는 전략을 취하는 게 좋다.

이제 정리해 보자. 달러 가치가 하락했다는 말은 주요 6개국의 통화와 비교했을 때 그 가치가 하락했다는 의미라고 할 수 있다. 달러의 가격은 인쇄된 그대로이고, 그 가치는 다른 나라의 통화와 비교해 결정된다는 사실을 기억하자.

환율에 따라 달라지는 달러와 원화 가치

원/달러 환율은 달러의 가격이 아닌, 원화와의 교환 비율이다. 이에 대한 기본 이해가 부족하면 환율 변화에 따라 달라지는 달러와 원화 가치는 물론, 돈의 흐름도 읽기 어렵다. 아직도 헷갈린다면 간단히 정리한 다음의 내용을 공식처럼 외워두자.

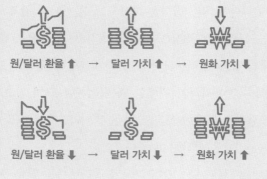

원/달러 환율 ↑ → 달러 가치 ↑ → 원화 가치 ↓

원/달러 환율 ↓ → 달러 가치 ↓ → 원화 가치 ↑

나는 주식 대신 달러를 산다

세상에서 가장 가치 있는 돈

달러 지폐에는 과거엔 있었지만 지금은 사라진 문구가 있다. 바로 지폐 하단에 있었던 'TEN DOLLARS IN GOLD COIN'이라는 문구다. 다음 페이지 그림에서 보듯, 현재 달러에서는 이 문구를 볼 수 없다.

이것이 무엇을 의미하는가? 달러는 원래 금으로 교환이 가능한 일종의 '금 교환권'이었다는 사실이다. 달러가 곧 금이었다는 이야기다. 1971년 이전에는 미국 달러를 은행에 가지고 가면 실제로 금과 교환할 수 있었다. 물론 지금은 아니지만, 그

과거 달러 지폐

현재 달러 지폐

럼에도 불구하고 여전히 달러는 전 세계를 지배하는 기축통화로 군림하고 있다.

달러는 금 교환권

단순히 달러가 전 세계인이 사용하는 돈이라는 사실을 아는 것만으로는 달러라는 자산의 가치를 완전히 이해하기 힘들다. 달러 가치에 대한 신뢰가 부족하면 투자에 소극적일 수밖에 없다. 그래서 나는 미국의 달러가 얼마나 가치 있고 믿을 수 있는 자산인지 확신을 갖기 위해 한 나라의 화폐가 전 세계의 화폐가 되는 과정을 파헤쳐 보기로 했다. 그리고 결론부터 말

나는 주식 대신 달러를 산다

하자면, 달러에 대한 신뢰는 더욱 확고해졌다.

　달러라는 화폐 그 자체의 가치는 불안정할 수 있지만 적어도 원화와의 비교에서는 단연 우위에 있는 돈이 달러다. 우리나라에서만 제한적으로 사용할 수 있는 원화로 전 세계에서 사용할 수 있는 달러를 산다는 건 위험할 게 없는 행위다. 재미있는 것은 달러 자산 베이스 생활권에 있는 미국인들 입장에서 '원화 투자'는 생각조차 못할 투자라는 점이다. 생각해 보라. 미국 달러로 원화를 산다? 이들에겐 매우 위험한 행위일 수도 있다. 이처럼 달러 투자는 '비싸게 사지만 않으면'이라는 전제를 충족한다면, 다시 말해 '비싸게 사는 실수만 하지 않으면' 절대 돈을 잃지 않는 안전한 투자인 셈이다.

　미국의 달러가 기축통화, 즉 국제 간 결제나 금융거래의 기본이 되는 통화가 되는 과정은 그리 간단하지 않았다. 종이에 인쇄만 하면 가치 있는 돈으로 변하는 마법을 부릴 권한을 갖는다는 건, 그 누구라도 탐낼 만한 일이지 않은가. 그럼에도 불구하고 미국이라는 나라가 그 마법 같은 지위를 획득할 수 있었던 것은 힘, 다른 말로 '국력' 덕분이다. 비트코인 같은 가상화폐가 새로운 기축통화가 될 수 있으리란 기대감 하나로 엄청난 버블을 동반한 투자 광풍이 불었던 것을 떠올려 보라. 하지만 달러가 기축통화의 지위를 얻게 되는 과정과 역사를 조금만 살펴본다면, 가상화폐 따위에 기축통화라는 말을 붙이는 게 얼마나 말도 안 되는 일인지 알게 될 것이다. 결국 현재 달러 지폐에서 '이 돈을 금으로 바꾸어 줍니다'란 문구는 사라졌지만 '이 돈이 갖고 있는 지위에 도전하면 망할 것이다'란 말이 보이지 않게 적혀 있다고도 할 수 있다.

달러의 지위에 도전했던 이라크의 후세인과 리비아 카다피의 최후, 이란과 터키, 베네수엘라의 현재 경제 상황을 보면 미국과 달러의 힘이 어느 정도인지 어렵지 않게 짐작할 수 있다.

기축통화의 탄생

미국의 달러가 기축통화라는 절대적 지위를 갖게 된 과정을 이해하려면, 먼저 '금본위제도Gold standard'에서부터 출발해야 한다. 금본위제도는 어떤 화폐 단위의 가치와 금 일정량의 가치가 등가관계를 유지하는 제도를 말한다. 금본위제도에 가장 충실한 화폐는 그 자체가 금으로 만들어진 '금화'가 대표적이다. 또 앞에서처럼 일종의 교환 증서 같은 형태로 해당 증서를 금이 보관되어 있는 은행에 가져가면 금으로 교환해 주게끔 약속해 놓는 것도 금본위제도에 입각한 통화 시스템이다. 예를 들어, 은행에 100달러를 가져가면 즉시 금 1g으로 바꾸어 주는 식이다. 반대로 금 1g을 은행에 가져가면 100달러짜리 금 교환권을 받을 수 있다. 달러는 처음에는 이렇게 금본위제도에 근거한 화폐였다. 달러 자체가 금과 동일한 가치를 지녔기에, 지금의 미국처럼 달러가 필요하다고 해서 종이에 인쇄해 돈을 만들어 낼 수는 없었던 것이다.

제2차 세계대전이 한창이던 시절, 기축통화의 지위를 가지고 있던 영국은 전쟁 물자 등을 구입하기 위해 그들의 금을 사용했고 결국 이 금이 미국으로 흘러들어가게 되었다. 이것이 달러의 역사에서 빼놓을 수 없는 '브레턴우즈 체제Bretton Woods System'의 탄생 배경이다. 제2차 세계대전의 패권국으로서 미국은 그야말로 막강한 힘을 가진 나라가 되었고, 마침내 44개의 동맹국들이 모여 세계 금융 질서를 세우기 위한 회의를 하게 되었다. 그리고 미국의 브레턴우즈라는 스키 휴양지에서 열린 이 회의에서 미국의 달러를 금본위제도에 입각한 기축통화로 사용할 것을 합의하게 된 것이다. 미국의 일방적 주장이라고 해도 과언이 아닌 것 같은 이 제도가 채택된 이유는 무엇일까? 전쟁 기간 유럽의 각 나라들이 각종 무기와 물자들을 미국에서 금으로 구입했고, 패전국들도 지급해야 할 전쟁 배상금을 미국에 금으로 내면서 미국이 전 세계 금의 무려 70%를 보유하게 되었기 때문이다.

결국 1944년에 개최한 이 회의에서, 금은 1oz(약 28.4g)당 35달러로 정해졌다. 여기서 재미있는 것 하나는 2021년 1월 현재 금 1oz t(약 31.1g)의 가격이 약 1,800달러인데, 이를 1oz 가격으로 환산하면 약 1,620달러라는 것이다. 77년 만에 금의 가치가 약 46배 상승했음을 알 수 있는데, 이를 바꾸어 말하면 달러의 가치가 46분의 1로 축소된 것이라고도 할 수 있다. 이는 달러의 절대적 가치 하락과 통화 팽창으로 인한 인플레이션이 만들어 낸 결과다. 참고로 브레턴우즈 회의에서는 미국의 달러를 기축통화로 인정한 일 외에도 우리가 잘 알고 있는 국제통화기금The International Monetary Fund, 즉 IMF도 탄생했다.

그런데 왜 기축통화가 필요할까? 전 세계의 효율적인 무역을 위해서다. 따라서 기축통화를 발행하는 국가는 전 세계 무역이 안전하고 공정하게 이루어질 수 있도록 보호하고 관리할 수 있는 힘과 능력이 있어야 한다. 미국은 이 회의를 통해 막강한 해군력으로 세계의 모든 해상무역로를 보호하기로 하고, 미국 시장을 다른 나라에도 개방해 막대한 수입을 통해 전쟁 후 경제난에 빠진 나라들을 지원하기로 약속했다. 미국은 기축통화에 대한 권리를 얻은 동시에 강력한 군사력과 경제력을 바탕으로 세계의 경찰국가로서의 의무도 함께 지게 된 것이다.

이는 달러가 단순히 많은 나라에서 통용되고 있는 기축통화에 불과한 것이 아니라, 미국이라는 전 세계 최강국의 강력한 힘을 바탕으로 그 가치를 지닐 수 있었다는 뜻이다. 비트코인 같은 가상화폐는 꿈도 꾸지 못할 엄청난 배경이라고 할 수 있다. 조금 더 과장하면, 미국이 그 강력한 권력을 바탕으로 "앞으로 비트코인의 사용을 금지하겠습니다"라는 말 한마디만

나는 주식 대신 달러를 산다

해도 이 세상 모든 가상화폐의 가치가 제로로 수렴할 수도 있다는 말이다.

설마 미국이 그럴 수 있겠느냐 생각할지 모르겠다. 그런데 미국은 이미 1971년에 전 세계를 대상으로 비슷한 일을 저지른 바 있다. 바로 '닉슨 쇼크'로도 불리는 닉슨 대통령의 금본위제도 폐지 선언이 그것이다. 달러의 지위를 지키고자 미국의 대통령이 TV에 출연해 "앞으로는 달러를 가지고 와도 금으로 바꿔주지 않겠습니다"라고 말한 것이 전부였다. 그런데 그 어떤 나라도 이에 반발하지 못했다. 전 세계 역사상 가장 큰 '경제 사기 사건'이었는데도 말이다. 미국은 이런 나라다. 그리고 달러는 그런 나라의 돈이다.

닉슨 쇼크를 잠재운 오일 머니

미국이라는 강력한 국가의 보호 아래 브레턴우즈에서 결정된 달러의 기축통화 지위는 이후 약 30년 동안은 잘 유지되었다. 그러나 결국에는 '트리핀의 딜레마Triffin's dilemma' 같은 문제점들이 드러나기 시작했다. 달러를 국가 간의 무역 거래에 사용하려면 그만큼 달러를 많이 찍어내 전 세계에 공급해야 하는데, 달러를 많이 발행하면 그만큼 달러의 가치가 하락하고, 그렇다고 달러의 발행을 줄이면 처음 이야기한 공급 부족 현상에 직면하게 되는 딜레마가 생기는 것이다.

실제로 미국은 달러의 공급을 늘려야만 했고, 미국이 달러를 많이 공급하면 할수록 달러 가치의 하락을 결코 피할 수 없었다. 그런데 달러는 그 가치의 하락과 상관없이 '금 1oz는 35달러'로 정해져 있었기에 가치가 하락한 달러를 가지고 있는 것보다는 실제 금을 소유하고 있는 편이 더 이득인 상황이 펼쳐질 수밖에 없었다. 그렇게 되면 결국 많은 사람이 달러라는 금 교환권을 가지고 은행으로 달려가 금으로 바꾸어 갈 것이 불 보듯 빤했다.

실제로 그러한 일이 일어났다. 프랑스의 샤를 드골Charles de Gaulle 대통령이 대규모의 달러를 미국에 있는 금으로 교환해 가 버린 사건이 바로 그것이다. 실제 금보다 더 많이 발행된 달러는 기축통화로서의 신뢰를 잃게 될 위기에 직면했다. 무역수지 적자와 함께 대규모 복지 프로그램, 베트남 전쟁으로 인한 막대한 지출로 인해 미국의 경제는 바닥을 드러내기 시작했다. 결국 미국은 브레턴우즈 회의에서 약속했던 금본위제도를 스스로 지킬 수 없는 지경에 이르렀고 1971년 8월 15일, 미국 닉슨 대통령의 선언으로 브레턴우즈 체제는 역사 속으로 사라져 버리게 되었다. 미국 대통령의 고작 말 한마디에, '35달러를 금 1oz와 교환해 주겠다'는 약속이 그야말로 '없던 일'이 되고 만 것이다.

이 선언은 닉슨 쇼크로 불리면서 엄청난 파급효과를 가져왔다. 세계 경제가 큰 혼란에 빠졌고, 이것이 실물 경제에 영향을 미치면서 전 세계의 물가와 원유 가격이 급격하게 상승했다. 수출로 경제의 토대를 다지고 있던 우리나라 역시 여기에서 자유로울 수 없었다. 1971년 3분기 11.3%였던 우리나라 경제성장률은 4분기에는 6%로 하락해 반 토막이 났다.

미국 달러의 금본위제도 중단은 당시 '고정환율제'였던 환율제도에도 즉각적인 영향을 미쳤다. 고정환율제란 정부가 특정 통화의 환율을 일정한 수준에서 고정하고 이 환율을 유지하기 위해서 중앙은행이 외환시장에 개입할 수 있게 한 제도다. 기축통화인 달러의 가치가 금의 가치와 연동되어 있을 때는 다른 나라의 화폐 또한 그 가치가 달러와 연동되어 있어 고정할 수 있었지만, 닉슨 쇼크로 달러와 금의 가치가 서로 같지 않게 되면서 달러의 가치가 계속 등락하면 다른 나라 통화와의 교환 비율인 환율 또한 계속 변할 수밖에 없었다. 사실상 지금 사용하고 있는 변동환율제의 개념이 바로 이 닉슨 쇼크 이후에 생겨난 것이라고 할 수 있다.

닉슨 쇼크 이후 미국 달러의 가치는 바닥으로 추락했다. 금과 교환할 수 없게 되었을 뿐만 아니라, 앞으로도 달러의 통화량은 계속해서 증가할 수밖에 없는 구조였기 때문이다. 하지만 미국이 달러의 기축통화 지위를 쉽게 포기할 리 없었다. 미국은 중동의 오일 쇼크를 계기로 사우디아라비아와의 거래를 통해 달러의 가치를 다시 상승시키고자 꾀했다. 강력한 군사력을 사우디아라비아에 제공해 주는 대신 원유를 살 때는 미국 달러로만 결제하게 하는, 일명 '오일 머니' 즉 페트로 달러Petro Dollar 체제를 구축했다. 원유를 확보하려면 반드시 달러가 필요한 상황을 만들어 낸 것이다. 석유는 그 양이 제한적인 금과는 다르게 비교적 지속적으로 생산과 소비가 일어나는 구조이기에, 달러 통화량의 증가에도 그 가치가 어느 정도 유지될 수 있었던 것이다. 이러한 구조 덕분에 미국의 달러는 지금까지도 기축통화의 지위를 지켜올 수 있었다.

플라자 합의와 일본의 잃어버린 20년

미국이 막강한 군사력과 경제력을 토대로 브레턴우즈 회의에서 달러를 금본위제도에 입각한 기축통화, 즉 세계의 돈으로 만든 일이나 이를 손바닥 뒤집듯 바꾼 닉슨 쇼크 사건, 또 달러가 오일 머니가 되고 그 지위에 도전한 수많은 나라를 무릎 꿇게 한 일련의 과정들을 살펴보았다. 이를 보면 현대에 이르러서는 물론 앞으로도 달러의 지위가 쉽게 무너지지 않으리라 짐작할 수 있다.

그런데도 미국은 기축통화국으로, 세계의 소비 국가가 되면서 적지 않은 문제들을 해결해야 했다. 그중 하나가 '환율'이라는 함정에 빠지게 된 것이다. 1980년대 미국은 달러 통화량

나는 주식 대신 달러를 산다

의 증가에도 그 가치를 유지하기 위해 고금리 정책을 펼칠 수밖에 없었고 이로 인해 대규모의 무역적자를 기록했다. 변동환율제하에서 달러의 가치가 오르면 상대적으로 다른 나라의 화폐 가치가 떨어지므로 수입량은 증가하고 수출량이 감소하는 현상이 발생한 것이다. 대표적으로 일본은 자국 화폐, 즉 엔화의 저환율 상태를 통해 미국에 엄청난 무역흑자를 일으켰고, 일명 '떠오르는 태양'이라는 별명까지 얻으며 경제대국으로 성장해 갔다. 이 무렵에 제작된 〈백 투 더 퓨처*Back To The Future*〉 같은 할리우드 영화만 봐도 일본 제품의 우수성이 드러나는 장면이 가득하단 걸 알 수 있다. 결국 미국은 1985년 9월 22일, 뉴욕의 플라자 호텔에서 프랑스와 독일, 일본, 미국, 영국으로 구성된 G5 재무장관들과의 회의를 통해 인위적으로 달러의 평가 절하 즉, 다른 나라 화폐들의 가치를 올림으로써 달러의 가치를 떨어뜨리는 일종의 환율 조정을 진행했다. 이것이 바로 달러의 역사에서 빼놓을 수 없는 '플라자 합의'다.

이로 인해 일본의 엔화는 1주일 만에 달러 대비 8% 정도 올랐고, 이후 2년 동안 달러의 가치는 약 30% 정도 급락했다. 덕분에 가격 경쟁력을 얻게 된 제조업의 성장으로 미국 경제는 회복할 수 있었던 반면, 일본은 이른바 '엔고' 현상으로 부동산 경제 버블 등 엄청난 경제 타격을 입어 이 여파가 20년간 이어졌다. 플라자 합의가 없었다면 엔화 가치의 상승도, 경기 침체

또한 없었을 것이기에 이를 '잃어버린 20년'이라고 부르게 된 것이다.

이 사건은 우리나라와는 크게 관련이 없어 보이지만, 사실 플라자 합의로 크나큰 수혜를 입었다고 해도 과언이 아닐 정도로 이는 우리나라에게 대단히 좋은 기회가 되었다. '환율 조정'이라는 어찌 보면 대단히 간단한 조치 하나로 미국은 경제적, 문화적으로 자신들을 위협하던 일본을 성공적으로 견제할 수 있었고, 여전히 원화 가치가 낮았던 우리나라는 수출에서 일본과 비교했을 때 월등한 가격 경쟁력을 갖출 수 있었던 것이다.

〈국가부도의 날〉이라는 영화의 배경이기도 한 1997년 IMF 외환 위기 당시, 원/달러 환율은 1,700원까지 치솟았다. 하지만 환율 상승, 즉 원화 가치의 급격한 하락은 수출 경쟁력 강화라는 일본의 엔고 현상과는 정확히 반대의 상황을 만들어 내어 우리는 위기를 빠르게 극복해 낼 수 있었다. 경기가 침체되면 환율이 오르고 환율이 오르면 수출 확대로 경기가 회복되는, 이 같은 패턴은 계절처럼 반복되고 있다. 이처럼 환율에 대한 이해는 달러 투자뿐 아니라, 주식 투자와 부동산 투자에 이르기까지 다양한 투자 영역에 큰 도움이 된다. 주가가 하락하면 환율이 오르고 환율이 하락하면 주가가 오르는 것 역시 이러한 현상의 테두리 안에 있다고 할 수 있다.

나는 주식 대신 달러를 산다

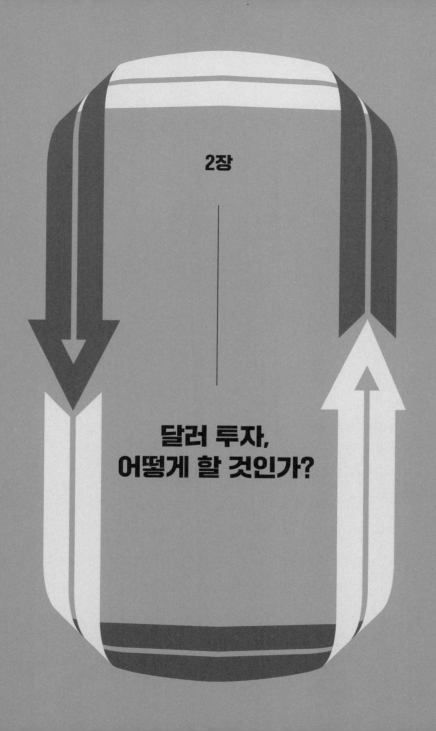

2장

달러 투자,
어떻게 할 것인가?

원/달러 환율 하락의 원인이
달러 가격의 하락 때문인지 달러 가치의 하락 때문인지 알려면,
달러의 절대적 가치를 알 수 있는 척도가 필요하다.

달러는 언제 사야 할까?

이론적으로만 따져 보면, 미국은 경제적으로 절대 망하지 않는 나라다. 돈이 없으면 돈을 만들어 내면 되기 때문이다. 미국은 종이에 숫자를 적기만 하면 돈이 되는 요술 펜을 쥐고 있는 셈이다. 이처럼 세계의 돈을 마음대로 만들어 낼 수 있는 미국이 더 많은 돈을 만들기로 했다고 가정해 보자. 그렇게 되면 돈의 양이 늘어날 것이고 인플레이션으로 인해 달러의 가치가 하락할 것이다. '달러의 구매력'이 낮아진다는 말이다. 또한 이는 원화로 달러를 매수할 때도 그대로 적용되므로, 달러를 더 낮은 가격에 살 수 있는 기회가 생긴다는 뜻이다.

그런데 바로 여기에 함정이 숨어 있다. 원래 가치보다 '가격'이 하락한 물건을 사는 행위와 원래 가치보다 '가치'가 하락한 물건을 사는 행위는 근본적으로 다르기 때문이다. 즉, 원/달러 환율 하락의 원인이 달러 가격의 하락 때문인지 달러 가치의 하락 때문인지를 따져봐야 한다. 이를 알려면 달러의 절대적 가치를 알 수 있는 척도가 필요한데, 그 가치를 가장 객관적으로 알 수 있는 것이 미국 달러 지수다.

미국 달러 지수

자료원 : 인베스팅닷컴

원/달러 환율

자료원 : 인베스팅닷컴

　　미국 달러 지수와 원/달러 환율의 같은 기간 가격 추이를 살펴보면, 원/달러 환율의 등락이 어떤 요인에 의한 것인지 가늠해 볼 수 있다. 대충 보면 두 그래프가 비슷한 등락을 겪는 것 같아 보이지만, 보다 자세히 들여다 보면 정확하게 일치하는 건 아니라는 걸 알 수 있다. 달러 절대적 가치의 변화와 원/달러 환율의 변화가 반드시 일치하는 것은 아니다. 원/달러 환율의 하락이라는 이벤트가 발생했을 때 달러의 절대적 가치인 미국 달러 지수의 등락이 없는 상황에서 벌어진 것이라면,

이는 달러 가치에는 변화가 없음에도 가격이 저렴해진 것이라고 해석할 수 있다. 이는 곧 원화 가치의 상승을 의미하기도 한다. 하지만 미국 달러 지수의 하락 비율과 원/달러 환율 하락의 비율이 일치하거나 유사하다면, 이는 미국 달러 가치의 하락에 따른 것으로 해석해야 할 것이다.

2019년 기준 미국 달러 지수는 96인데, 이는 2012년 기준 미국 달러 지수가 74였음을 감안하면 약 29.7%가량 상승한 것이다. 만약 원화의 가치가 이 달러의 절대적 가치 정도로 상승했다면, 2012년 기준 1,050원이던 원/달러는 2019년에 1,362원이 되어야 한다. 하지만 현재의 원/달러 환율은 약 7.1% 상승한 1,125원 수준이다. 이는 달러의 절대적 가치가 상승하는 동안 원화의 가치 역시 상승했다는 의미다. 다시 바꾸어 말하면, 달러의 가치가 상승했음에도 여전히 싸게 매수할 수 있는 상황이라고 할 수 있다.

달러의 절대적 가치 변동과 관계없이 원화 가치의 상승만으로도 상대적으로 원/달러 환율은 하락하기에 이는 매수의 기회가 될 수 있다. 하지만 '안전한 투자'의 관점에서 볼 때, 원래 그 물건의 가치보다 싸게 사는 것이 매우 중요하다. 달러는 세계의 돈이므로 이처럼 '절대적 가치'라는 것이 존재한다. 원화의 가치 등락과 관계없이, 세계 어디에 가든 100달러로 할 수 있는 건 거의 비슷할 것이다. 하지만 원화의 가치 등락은 그

나는 주식 대신 달러를 산다

개념이 다르다. 원화의 가치가 하락한다면 100달러의 가치를 치르기 위해 더 많은 원화를 지급해야 하기 때문이다.

　이러한 이유로 나는 달러의 가격이 내려갔을 때 그것이 달러 절대적 가치의 하락 때문인지 아닌지를 꼭 확인한다. 만약 미국 달러 지수의 변화가 없음에도 달러 가격이 내려간 거라면 그것은 원화의 가치 상승을 의미하는 것이기에 비싼 물건을 싸게 산 것과 같은 일이 될 수 있다. 하지만 미국 달러 지수가 하락해 그에 따라 원/달러 환율이 함께 하락하고 그 비율 역시 비슷하다면, 그것은 단순히 달러의 가치 하락을 의미하므로, 비싼 물건을 싸게 산 것이 아니라 물건이 저렴해진 것이라고 봐야 한다는 말이다.

　달러 매수 후 달러의 절대적 가치 상승과 원화의 가치 하락이라는 이슈가 각각 혹은 동시에 발생할 경우 원/달러 환율은 상승하게 되고, 이는 곧 환차익을 얻을 수 있는 기회가 된다. 하지만 원/달러 환율의 하락 이유가 달러 절대적 가치의 하락, 즉 미국 달러 지수의 하락 때문이라면 얘기가 달라진다. 달러를 싸게 산 것이 아니므로 수익을 기대하려면 달러 절대적 가치가 다시 상승하기를 기다려야 하는 것이다. 이는 싸게 산 달러가 원래 가치에 맞게 가격이 상승하게 되는 것과는 개념이 다를 수밖에 없다. 비합리적으로 형성된 가격이 원래의 가격으로 되돌아갈 것이라는 것은 어느 정도 예측할 수 있지만 절대적 가치의 변화는 그 누구도 방향을 예측하기 힘들다.

또한 지극히 개인적인 견해이긴 하지만, 나는 미국 달러 지수의 하락은 달러의 절대적 가치가 변하는 것일 가능성이 크지만 원화 가치의 상승은 거품일 가능성이 크다고 생각하면서 투자한다. 이는 주가가 회사의 내재 가치와 시장 가치 사이에서 차이를 보이는 것과 유사하다. 내재 가치가 변하지 않아도 시장 가치가 등락하듯, 원화의 가치 등락은 결국 달러의 절대적 가치에 수렴할 수밖에 없으리라 생각하는 것이다. 달러는 세계의 통화이기에 그 가치의 측정값이 비교적 합리적이고 객관적일 가능성이 크다. 반면 원화는 우리나라만의 돈이므로 국내의 경제나 정치 상황에 따라 인위적인 조작이 가능할 뿐만 아니라, 절대적 가치의 크기를 산정하는 것 또한 어렵다. 따라서 원/달러 환율은 그 속도가 다를 수는 있으나 궁극적으로는 달러의 절대적 가치를 따라갈 가능성이 크다고 할 수 있다. 이러한 이유로, 나는 원/달러 환율이 하락한 상황에서 미국 달러 지수가 상승했음에도 불구하고 아직 원/달러 환율에 반영되지 않았다면, 이를 확실한 매수 기회로 볼 수 있다고 생각한다. 원화 가치의 상승 거품은 사라질 가능성이 크고, 향후 원/달러 환율이 다시 상승하게 될 가능성 역시 크기 때문이다.

이를 종합하면, 달러의 가장 좋은 매수 타이밍은 다음의 2가지 조건을 모두 충족했을 경우라고 할 수 있다.

나는 주식 대신 달러를 산다

1. 원/달러 환율 자체가 이전과 비교해 하락했을 때

2. 그럼에도 불구하고 미국 달러 지수는 그대로이거나 오히려 상승했을 때

2019년 2월 28일, 엄청난 관심과 기대를 모았던 제2차 북미 정상회담 날의 미국 달러 지수와 원/달러 환율의 관계를 보면 이를 이해하는 데 도움이 된다. 이날 원/달러 환율은 북미 회담 결렬에 따른 실망감(원화 가치 하락)으로 전일 1,118원이었던 것이 크게 치솟아 7원 오른 1,125원에 마감되었다. 약 0.6%의 상승률이다. 반면 미국 달러 지수는 전일 96,038이었던 지수가 96.043에 마감되었다. 약 0.005%의 변화였으니 가격 변동이 거의 없었다고 해도 과언이 아니다.

이 같은 원/달러 환율의 상승은 미국 달러 지수에 큰 변화가 없음에도 원화 가치의 하락만으로 발생한 것임을 보여준다. 앞에서 이야기했던 것과는 정반대의 상황으로, 달러 매도 타이밍에 가까워졌음을 암시한다. 원화의 절대적 가치 하락에 따른 실망 매물이 원/달러 환율을 상승시켰지만 이는 곧 달러의 절대적 가치에 수렴되어 원래의 가격으로 되돌아갈 확률, 즉 향후 원/달러 환율이 다시 하락할 확률이 높아질 것임을 보여주기 때문이다. 원/달러 환율이 단순히 낮아졌을 때는 달러의 좋은 매수 타이밍이다. 하지만 미국 달러 지수와 원/달러 환율의 차이를 통한 데이터로도 달러의 매수 타이밍을 가늠해 볼 수 있다는 걸 이해하고 넘어가자.

빅맥 지수를 활용한 달러 투자

매년 1월과 7월, 빅맥 지수가 발표된다. 빅맥은 세계의 맥도날드 매장에서 비슷한 재료와 조리법으로 만들어 판매하는 햄버거의 한 종류인데, 같은 물건은 어디서나 값이 비슷해야 한다는 원칙을 전제로 각국의 통화 가치가 적정한 수준인지를 살펴보는 데 빅맥 가격이 활용되고 있다. 이 빅맥의 가격을 통해 달러의 가치를 원화와 비교하는 것도 가능하다. 2020년 7월 기준, 미국의 빅맥 가격은 5.71달러였다. 같은 시기 한국에서 판매되는 빅맥의 가격은 4,500원이었고, 이때의 실제 원/달러 환율은 1,200원 선이었다. 이는 한국의 빅맥은 4,500원이지만, 미국의 빅맥은 약 6,800원이라는 말이 된다. 달러가 원화의 가치보다 34% 정도나 높은 상태라는 의미인 동시에, 1,200원에 달러를 매수하면 34%의 손실이 발생할 수 있다는 의미이기도 하다.

만약 원/달러 환율이 790원 이하로 하락한다면 미국의 빅맥은 4,500원 이하로 하락해 우리나라 빅맥 가격보다 저렴해진다. 하지만 이 데이터는 미국과 우리나라의 GDP 수준을 고려하지 않은 원시 자료에 불과하다. GDP 수준을 고려한 가격 차이는 약 15%다.

그렇다면 이를 통해 무엇을 알 수 있는가? 원/달러 환율 1,200원 대비 15% 하락한 1,020원 이하에서 달러를 매수하는 것이 안전하다는 뜻이다. 하지만 실제로 원/달러 환율이 1,020원이 되려면 원화의 가치가 엄청나게 상승하거나 달러의 가치가 엄청나게 하락해야 한다. 따라서 이 데이터는 원/달러 환율의 하방 데이터 정도로 활용하는 것이 좋겠다.

나는 주식 대신 달러를 산다

달러 갭 비율이란?

달러 지수가 달러의 절대적 가치를 의미한다면 그 가치의 등락에 따라 원/달러 환율도 비례하여 등락한다고 볼 수 있다. 만약 2가지가 정확히 일치하면, 달러 투자 시 굳이 달러 지수를 참고할 필요도 없다. 하지만 원/달러 환율은 달러의 가격을 표시한 것이 아니라 교환 비율을 의미하기에, 원화의 가치 등락으로 인해 달러 지수가 상승했음에도 불구하고 원/달러 환율은 오히려 하락한다든지 하는 일이 발생할 수 있다.

나는 여기서, 달러 지수를 달러 투자의 지표로 삼는 투자

아이디어를 얻었다. 달러 지수의 등락과 원/달러 환율의 등락이 정확히 일치하지 않기에, 그 갭이 발생했을 경우 이를 투자 결정에 참고할 수 있겠다고 생각한 것이다. 원/달러 환율이 달러 지수에 똑같이 연동되어 움직이는 것은 아니지만, 시간이 걸릴 뿐 결국은 달러 지수에 수렴한다고 가정하면, 달러 지수가 상승할 경우 곧 원/달러 환율이 상승할 가능성이 크다고 판단할 수 있다.

달러 지수가 100이고 원/달러 환율이 1,000원이라고 가정해 보자. 달러 지수가 10%가량 상승해 110이 되었는데 원/달러 환율은 1,000원에 그대로 머물러 있다면? 이는 달러의 가치가 10% 상승했지만 원화의 가치 역시 10% 상승했다는 이야기가 된다. 앞에서 이미 밝혔듯, 나는 원화의 가치는 결국 원래의 수준으로 회귀할 가능성이 크다는 전제로 달러에 투자한다. 따라서 이러한 경우, 원화의 가치는 원래의 수준으로 되돌아오고 그에 따라 원/달러 환율은 달러 지수의 상승폭과 비슷한 수준인 1,100원으로 상승할 가능성이 크다고 보는 것이다.

나는 달러 지수와 원/달러 환율 간의 이러한 상관관계를 비율로 표시하면 좋겠다 싶어서 이를 '달러 갭 비율'이라고 이름 붙이고, 이를 계산할 수 있는 간단한 공식을 만들었다.

달러 갭 비율 = 달러 지수 ÷ 원/달러 환율 × 100

나는 주식 대신 달러를 산다

예를 들어, 달러 지수가 100이고 원/달러 환율이 1,000원이라면 달러 갭 비율은 10이 된다(100÷1,000×100=10). 그런데 달러 지수가 10% 상승하고 원/달러 환율은 그대로라면, 달러 갭 비율은 11로 상승한다(110÷1,000×100=11). 현재의 달러 갭 비율이 기준이 되는 달러 갭 비율보다 높으면 앞에서 설명한 근거에 의해, 앞으로 원/달러 환율이 상승할 가능성이 크다고 볼 수 있는 것이다.

이 지표는 달러 지수는 그대로인데 원/달러 환율이 하락했을 때도 동일하게 활용할 수 있다. 예를 들어, 달러 지수가 100이고 원/달러 환율이 900원이라면 달러 갭 비율은 11.11이 된다(100÷900×100=11.11). 원/달러 환율이 달러 지수에 수렴하게 된다면, 현재 900원인 환율이 1,000원 수준으로 상승해야 한다는 것을 알 수 있다. 나는 이 달러 갭 비율을 근거로, 비율이 높으면 앞으로 환율이 상승할 가능성이 크다고 보고, 반대로 낮다면 앞으로 환율이 하락할 가능성이 크다고 판단했다.

2016년 1월, 달러 지수는 102였고 이때 원/달러 환율은 1,238원 수준이었다. 이 데이터로 달러 갭 비율을 산출하면 약 8.24다. 그리고 2018년 1월, 달러 지수는 89였고 원/달러 환율은 1,061원 수준이었다. 달러 갭 비율은 8.38이다. 이 수치만 놓고 보면, 달러 갭 비율은 2016년 1월보다 2018년 1월이 더 높으므로 비교적 달러를 매수하기에 좋은 상황이라는 것을 알 수 있다. 하지만 달러의 절대적 가치, 즉 달러 지수가 앞으로 상승할지 하락할지는 그 누구도 알 수 없다. 달러 갭 비율이 높으면 달러 투자의 기회가 될 수 있지만, 만약 달러 지수가 하락해 버리면 원/달러 환율도 함께 하락할 수밖에 없는 구조다. 이 말은, 달러 갭 비율만으로 달러 매수 타이밍을 맞추는 건 대단히 위험할 수 있다는 것이다. 달러 지수가 낮은 상황, 즉 달러의 가치가 저평가됐을 때는 달러 갭 비율이 낮다고 해도 달러의 가치 상승 가능성이 커서 원/달러 환율 역시 상승할 수 있다. 반대로 달러 지수가 높은 상황, 즉 달러의 가치가 고평가되었을 때는 달러 갭 비율이 높다고 하더라도 달러의 가치 하락으로 인해 원/달러 환율은 오히려 하락할 수 있어서다.

달러 갭 비율은 현재의 원/달러 환율이 달러 지수 대비 어떠한 수준에 있는지 검토하는 데는 유용한 지표가 될 수 있다. 하지만 이를 맹목적으로 따르다 보면 앞에서 설명한 이유들로 원치 않은 결과를 얻을 수 있다. 그래서 나는 달러 갭 비율을 활용해 보다 안전한 달러 투자가 가능한 방법을 찾기 시작했다. 그리고 마침내, 달러 지수와 원/달러 환율의 관계를 보다 객관적으로 판단할 수 있는 '달러 투자 데이터'라는 것을 만들기에 이르렀다.

데이러가 알려주는 투자 최적기

원/달러 환율은 달러와 원화의 교환 비율이다. 따라서 어느 한 나라의 경제가 크게 망가지거나 국가 부도 사태에 이르는 극단적인 상황이 벌어지지 않는 한, 환율이 끝없이 상승하거나 끝없이 하락하는 일은 없다. 사실 그 가능성만 놓고 본다면, 국가가 망해서 통화가 휴지 조각이 될 확률이 미국과 우리나라 중 어느 쪽이 높겠는가? 이러한 이유로 나는 원화로 달러를 사는 행위, 즉 달러 투자가 비교적 안전하다고 본다. 다만, 거품이 긴 자산을 비싸게 사면 큰 손실을 입을 수 있으므로 어느 정도의 달러 매수 가격 수준을 지키는 것이 중요하다.

주식의 경우, 투자한 회사가 파산하면 상장 폐지가 되어 보유한 주식이 휴지 조각이 되기도 한다. 하지만 달러는 휴지 조각이 되는 일은 없다고 봐도 된다. 달러의 가치가 바닥으로 떨어져 원/달러 환율이 1,000원 이하로 하락할 순 있지만, 이는 원화의 가치가 하락해 원/달러 환율이 2,000원 이상이 될 가능성보다는 훨씬 작다. 또한 만에 하나 미국의 달러가 휴지 조각이 되는 그런 파국에 가까운 상황이 발생한다면 원화는 어떻겠는가? 그보다 훨씬 더 먼저 휴지 조각이 되었을 가능성이 크다. 따라서 원화로 달러를 사는 행위는 그 교환 비율이 심각하게 불리하지만 않다면 문제의 소지가 거의 없다.

이 같은 생각을 토대로, 나는 원/달러 환율은 하락이든 상승이든 한계가 있다는 가정을 세운 뒤 투자를 시작했다. 구체적으로 예를 들면, 환율이 아무리 하락한다 하더라도 1990년대의 700원 이하로는 떨어지지 않을 것이며, 반대로 제아무리 상승한다 하더라도 역대 최고 환율이라 할 수 있는 1997년 IMF 시절의 1,700원까지는 오르지 않을 것으로 생각한 것이다. 이 데이터를 근거로 나는 아주 단순하게 계산해 700원과 1,700원의 중간인 1,200원을 기준으로 삼았다. 하여 달러를 1,200원보다 낮은 가격에 사면 상승할 가능성이, 또 이보다 높은 가격에 사면 환율이 하락할 가능성이 더 크다고 예상했다.

나는 주식 대신 달러를 산다

하지만 이러한 가정은 우리나라 현재의 경제 수준을 전혀 고려하지 않은 데이터다. 더욱 의미 있는 투자 지표가 되려면 가장 최근 상황을 반영하는 것이 합리적으로 보인다. 그래서 나는 그 기준을 52주로 산정하기로 했다. 즉 최근 1년 원/달러 환율의 최고가와 최저가의 평균 가격을 기준으로 삼아, 유리한 달러 투자 타이밍을 참고해 보기로 한 것이다. 원/달러 환율의 52주 평균값을 기준으로 투자한다면, 달러 지수 또한 52주 평균값을 투자의 지표로 참고할 수 있다. 또한 이 2가지 데이터를 통해 앞에서 설명한 달러 갭 비율의 평균값을 산출해 내는 것도 가능하다. 나는 그 값을 하나의 표로 만들어 달러 투자를 해도 좋은 상황을 판단하는 근거로 삼기로 하고, 이를 '달러 투자 데이터'라고 칭하기로 했다.

52주 평균 달러 데이터

	52주 최저	52주 최고	52주 평균
원/달러 환율	1,151.11	1,292.93	1,222.02
달러 지수	91.73	103.96	97.84

달러 갭 비율

	원/달러 환율	달러 지수	달러 갭 비율
52주 평균	1,222.02	97.84	8.01
현재	1,162.57	93.30	8.03

적정 환율

현재 달러 지수	52주 평균 달러 갭 비율	적정 환율
93.30	8.01	1,165.25

투자 적합성

1) 52주 평균 대비 투자 적합성

	현재	비교	52주 평균	투자 적합 신호
원/달러 환율	1,162.57	<	1,222.02	<
달러 지수	93.30	<	97.84	<
달러 갭 비율	8.03	>	8.01	>

2) 적정 환율 대비 투자 적합성

	현재	비교	적정 환율	투자 적합 신호
원/달러 환율	1,162.57	<	1,165.25	<

　　이 자료들은 내가 실제 달러 투자를 진행할 때 참고했던 데이터다. 1,300원까지 치솟았던 원/달러 환율이 2020년 9월 21일, 코로나19로 인한 세계 경제 위기로 1,160원대까지 하락하면서, '달러 투자를 시작해도 좋은 상황'의 조건이 모두 충족되었던 것이다. 그렇다면 달러 투자를 시작해도 좋은 상황이란 어떤 것일까? 총 4가지다.

1. 현재의 원/달러 환율이 52주 평균 환율보다 낮을 때

2. 현재의 달러 지수가 52주 평균 달러 지수보다 낮을 때

3. 현재의 달러 갭 비율이 52주 평균 달러 갭 비율보다 높을 때

4. 현재의 원/달러 환율이 적정 환율보다 낮을 때

여기서, 적정 환율은 52주 평균 달러 갭 비율을 현재의 달러 지수에 대입해 산출하면 나오는데, 그 공식은 다음과 같다.

적정 환율 = 현재 달러 지수 ÷ 52주 평균 달러 갭 비율 × 100

이 공식에 표에 있는 수치를 대입해서 계산해 보자.

$$93.30 ÷ 8.01 × 100 = 1,164.79$$

(참고로 계산 결과가 표의 결괏값과 조금 다른 이유는 소수점 아래 숫자들까지 반영되지 않았기 때문이다.)

단, 달러 투자를 시작해도 좋은 상황이란 말에서 중요한 포인트가 하나 있다. 투자를 '해도'가 아니라 투자를 '시작해도' 좋다는 점이다. 이는 달러를 매수하는 시점이 아니라, 달러의 분할 매수를 '시작하는' 시점이 되었다는 의미다. 원/달러 환율 700원과 1,700원 사이의 평균인 1,200원 이하에서 달러를 매수하면, 환율이 상승할 가능성이 크긴 하지만 여전히 700원까지 하락할 가능성을 열어두어야 한다. 달러 투자를 시작해도 좋은 상황이 되었다고 해서 하락의 위험을 완전히 배제할 수는 없다는 뜻이다. 따라서 달러 투자 데이터는 분할 매수를 시작할 때 '최초 매수 가격' 정도로 생각하면 좋다.

나는 주식 대신 달러를 산다

달러의 이름표, 현찰과 전신환

외화 통장으로 달러를 거래하면 해당 달러마다 이름이 붙는다. 같은 돈인데 신분이 각기 다르니 참 신기한 일이다. 이들에게 붙는 이름은 보통 3가지다.

CUR—통화(현찰)

첫 번째는 곧바로 인출해서 사용이 가능한 현찰 달러다. 현찰 달러를 외화 통장에 입금하면 해당 금액의 상단에 작은 알파벳으로 'CUR(Currency의 약자)'이라고 표시된다. 같은 달러라고 해도 이 'CUR' 표시가 없으면 인출할 경우 무조건 현찰 수수료 1.5%가 부과된다.

은행의 환전 정책에 따라 다르긴 하지만, 어떤 은행은 외화 통장에 있는 달러를 인출할 때마다 1.5%가량의 현찰 수수료를 부과한다. 또 다른 은행은 입금한 지 일주일 이내에 인출할 때만 현찰 수수료를 부과한다. 독자들에게 추천하는 은행은 KB국민은행이다. 나는 달러 투자를 보다 효율적으로 진행하고자 KB국민은행을 비롯해 하나은행, 신한은행, 우리은행, IBK기업은행, NH농협은행, SC제일은행 등 거의 모든 시중 은행과 거래해 보았다. 그러면서 이 현찰 수수료 때문에 곤란한 일을 겪기도 했는데, 이를 토대로 내린 결론은 달러 투자에 있어 가장 좋은 거래처는 KB국민은행이라는 것이었다. 내가 겪은 어려움을 군이 경험할 필요는 없을 것 같아 밝힌다.

달러 투자 시 KB국민은행의 가장 큰 장점이라면 역시 현찰 수수료 측면이다. 달러를 입금하고 곧바로 몇 번을 인출하더라도 수수료가 전혀 발생하지 않는다. 인터넷뱅킹에서 제공하는 네트워크 환전의 경우, 1만 달러 이상을 거래할 때는 최고 90%까지 환전 수수료 우대를 받을 수도 있다. 인터넷을 통해 달러 정기 예금에 가입하는 것도 아주 편리하다. 이 밖에도 몇 가지 장점이 더 있는데, 이는 달러 투자에 대한 설명을 이어가면서 하나씩 자세히 다루려고 한다.

달러 투자 시 현찰 거래가 필요한 경우는 크게 2가지다. 첫째는 은행 간 이체 과정에서 송금 수수료가 발생할 때다. A 은행에서 매수한 달러를 환율이 보다 유리한 B 은행 혹은 B 은행과 연계된 증권사를 통해 매도해야 할 때도 있는데, 이때 A 은행에서 현찰을 인출한 후 B 은행에 입금하면 송금 수수료가 발생하지 않는다. 둘째는 매수해 둔 달러를 여행이나 출장 등의 경비에 활용해야 할 때다. 곧바로 사용이 가능하므로 달러를 현금 자산의 개념으로 보유한 이점을 누릴 수 있다. 현찰 달러는 다음에 소개할 전신환과 비교하면 그 활용 측면에서 훨씬 유리한데, 현찰 달러는 전신환으로 사용할 수 있지만, 전신환을 현찰 달러로 바꾸려면 현찰 수수료가 발생하기 때문이다.

POS-원화 대가(전신환)

외화 통장 입금 등의 방식으로 달러를 사면 전산상의 달러를 의미하는 전신환이 되는데, 통장에는 'POS(Position의 약자)'라고 표시된다. 현찰 달러와 비교할 때 환율 스프레드spread(외환을 살 때와 팔 때의 가격 차이)가 작아서 환전 수수료가 저렴하다는 것이 장점이지만, 앞에서 언급했듯 전신환을 현찰 달러로 인출하려면 1.5%의 현찰 수수료가 발생한다. 단, 달러를 현찰로 바꾸지 않고 곧바로 원화로 재환전하면 수수료 없이 원화 현금을 챙길 수 있다.

전신환의 단점은 현찰 달러의 장점과 정확히 반대라고 이
해하면 된다.

TRN-송금

송금이나 이체를 통해 입금된 달러를 의미하며 외화 통장
에는 'TRN(Transfer의 약자)'으로 표시된다. 이 역시 전신환이
므로 현금으로 사용하려면 원화로 환전한 후 인출해야 유리하
다. 만약 'CUR'로 산 달러를 증권 계좌 등으로 이체하거나 송
금하게 되면 'CUR'이 'TRN'으로 바뀌어 전신환인 'POS'의
형태로 변해 버리므로 주의를 기울여야 한다. 다만 'TRN'으로
표시되더라도 인출 시 현찰 수수료가 발생하지 않는 경우가 있
다. 현찰로 입금한 달러를 외화 정기 예금 등에 가입한 후, 만
기 등의 이유로 해지했을 때다.

———

이제 정리해 보자. 달러는 크게 현찰 달러와 전신환으로
나눌 수 있고, 달러 투자를 하려면 이 두 개념을 유념하고 있어
야 한다. 현찰 달러는 그 자체가 돈이기도 하고 전신환으로도
사용할 수 있기에 가장 유용하지만, 환전 수수료가 전신환에
비해 높아서 매수 비용이 크다는 단점이 있다. 전신환은 반대
로 현찰 달러에 비해서 매수 비용은 작지만, 은행 간 이체나 인

출이 필요한 상황에서 수수료를 부담해야 한다는 것이 단점이다. 현찰 달러는 그 자체가 돈으로서의 기능을 완벽하게 할 수 있지만 전신환은 일종의 투자용 화폐로 생각하면 된다.

참고로, 나는 원/달러 환율이 높아서 소액으로 달러 투자를 할 때는 전신환을 주로 이용하고, 환율이 낮아져서 투자 금액이 커지면 현찰 달러를 선호하는 편이다. 나는 종종 "달러 투자에 실패하면 미국으로 이민하면 그만"이라는 농담을 하는데, 이 경우에도 현찰 달러가 전신환보다 훨씬 유용할 것이다.

환율 스프레드와 환전 수수료

환율 스프레드는 달러를 살 때와 팔 때의 가격 차이를 뜻한다. 스프레드가 1%라면 기준 환율 대비 살 때는 1% 비싸게 사야 하고, 팔 때는 1% 싸게 팔아야 한다. 원/달러 환율이 1,000원이고 스프레드가 1%라면 살 때는 1,010원에 사고, 팔 때는 990원에 팔 수 있다.

환율 스프레드는 각 금융기관별로 천차만별이긴 하지만 그 차이가 크지 않다. 따라서 큰 차이를 보이는 은행과 증권사로 구분해 고려하면 되는데, 일반적으로 은행은 현찰 1.75%,

나는 주식 대신 달러를 산다

전신환 1% 그리고 증권사는 전신환만 취급하며 1% 정도다. 따라서 아주 쉽게 환율 스프레드는 현찰 1.75%, 전신환 1%로 기억하면 되겠다.

그다음 알아야 할 것은 환전 수수료 우대율이다. 이는 환율 스프레드의 할인율 정도로 이해하면 된다. 어느 은행의 환전 수수료 우대율이 90%라면, 은행의 현찰 환율 스프레드 1.75% 에서 90%를 할인해 준다는 뜻이므로 실제 수수료율은 0.175% 가 된다. 원/달러 환율 1,000원을 기준으로 하면 1.75원이 되는 셈이다. 공식은 다음과 같다.

환전 수수료 = 원/달러 환율 × 환율 스프레드
× (100% − 환전 수수료 우대율)

그런데 이런 경우도 생각해 봐야 한다. 원/달러 환율 1,000원 기준, 환율 스프레드 2%의 90% 환전 우대 시 환전 수수료, 즉 거래 비용은 2원이다. 그리고 환율 스프레드 1%의 80% 환전 우대 시 거래 비용도 2원이다. 환전 수수료 우대율이 높다고 해서 환율 스프레드를 확인하지 않고 무조건 거래 비용이 저렴 하리라 예상하면 안 된다는 것이다.

언젠가 A 증권사에서 환전 수수료 우대율 95%라는 파격 적인 이벤트를 진행한 적이 있다. 당시 나는 환전 수수료 우대율 90%를 적용해 주는 B 증권사를 이용하고 있었기에, 이 이벤트에 관심이 갔다. 하지만 막상 달러를 환전하는, 그러니까 달러를 매수하는 과정에서 직접 금액을 비교해 보니 95%의 환전 수수료 우대율을 적용하는 A 증권사와 90%의 환전 수수료 우대율을 적용하는 B 증권사 간 차이가 거의 없었다. A 증권사의 환율 스프레드가 B 증권사보다 더 컸기 때문이었다. 원/달러 환율 1,000원을 기준으로 환율 스프레드 2%에 환전 수수료 우대율 95%를 적용하면, 달러를 살 때 환율은 수수료 1원이 더해진 1,001원이다. 그리고 환율 스프레드 1%에 환전 수수료 우대율 90%를 적용하면 달러를 살 때 환율은 수수료 1원이 더해진 1,001원으로 똑같다.

달러를 매수할 때 대단히 중요한 것 중 하나는, 얼마나 낮은 환율로 달러를 매수할 수 있느냐이다. 따라서 달러를 매수할 수 있는 플랫폼, 즉 은행과 증권사 들을 여럿 비교해 종합적으로 분석한 뒤 가장 유리한 곳에서 달러를 사야 한다. 심지어 이 플랫폼들은 같은 시간에도 기준 환율이 제각각인 경우가 비일비재하다. 원/달러 환율은 마치 아날로그 시계와 디지털 시계의 관계처럼, 실제 환율과 고시 환율에 차이가 있다. 4초와 5초를 눈으로 확인할 수는 있어도 그 사이의 시간은 표현되지 않는 디지털 시계처럼, 아주 짧은 순간 환율이 움직여도 고시 환율은 움직이지 않는 경우가 있을 수 있다.

나는 주식 대신 달러를 산다

예를 들어, 실제 원/달러 환율이 1,200원에서 1,202원으로 상승해도 해당 은행이나 증권사가 이를 고시하지 않는다면 같은 시간에도 환율이 그냥 1,200원일 수 있다는 말이다. 각 금융기관의 환율을 고시하는 시간과 횟수의 차이로 매매 기준율이 다른 경우가 발생하는 것이다. 평소에는 이를 크게 신경 쓰지 않아도 되지만 환율 변동성이 클 때는 비교적 긴 시간 동안 은행이나 증권사가 환율을 고시하지 않는 일도 있으므로 유념해야 한다. 실제로 환율은 하락했는데 달러를 매수하려고 시도했을 때 아직 그 값이 반영되지 않아 당황스러운 일이 발생할 수 있기 때문이다. 따라서 달러 투자 시에는 은행이나 증권사의 고시 환율만 맹신하지 말고 인베스팅닷컴 등에서 제공하는 실시간 환율 정보를 꼭 확인해 봐야 한다. 달러 거래는 고시 환율을 매매 기준율로 삼기 때문에 성공적인 투자를 위해서 이 개념을 꼭 이해해 두자.

그런데 갑작스럽게 달러를 사야 할 때는 무엇을 확인해야 할까? 달러 매수에 유리한 플랫폼이 어디인지, 즉 은행인지 증권사인지, 증권사라면 어떤 증권사에서 사는 것이 유리한지를 따져야 한다. 또 해당 증권사에서 달러를 매수할 경우 최종적으로 내가 부담해야 할 환전 수수료, 즉 거래 비용이 얼마인지 이를 미리 알아두고 익숙해질 필요가 있다.

예를 들어 키움증권에서 달러를 매수할 경우 환율 스프레드는 1%, 환전 수수료 우대율은 95%라는 것을 알고 있다면, 기준 환율이 1,200원일 때 얼마에 달러를 살 수 있는지와 해당 달러 투자로 수익을 얻으려면 환율이 얼마 정도가 되어야 하는지를 바로 계산할 수 있다. 이 경우, 환전 수수료는 0.6원(1,200원×1%×5%)이다. 또한 달러를 매도할 때도 수수료가 똑같이 적용될 경우 총 환전 수수료, 즉 총 거래 비용은 1.2원이 된다. 또한 기준 환율 1,200원일 때, 1,200.6원에 산 달러로 수익을 내려면 거래 비용까지 고려해야 하므로 결국 기준 환율이 1,201.2원 이상이 되어야 한다는 것도 알 수 있다.

대부분의 은행과 증권사 들은 달러를 매수할 때의 환율 스프레드와 환전 수수료 우대율을 매도할 때도 똑같이 적용한다. 하지만 그렇지 않은 은행도 있는데, 이때는 앞에서 설명했던 것처럼 달러를 매수할 때와 매도할 때 환전 플랫폼을 다르게 가져갈 필요가 생긴다.

예를 들어, 달러 매수 시 KB국민은행에서 환율 스프레드 1.75%, 환전 수수료 우대율 80%를 적용받았다면 팔 때도 이 기준을 그대로 적용받게 되지만, 이를 키움증권에 이체한 후 매도한다면, 환율 스프레드 1%에 환전 수수료 우대율 95%를 적용받을 수 있다. 기준 환율 1,200원을 기준으로 계산하면 KB 국민은행에서는 달러당 4.2원의 수수료가 발생하고, 키움증권에서는 달러당 0.6원의 수수료가 발생하니 이런 방식으로 매

나는 주식 대신 달러를 산다

도하면 달러당 약 3.6원의 거래 비용을 아낄 수 있다는 말이 된다. 참고로, 은행에서 증권사로, 또 증권사에 은행으로 이렇게 플랫폼 간 달러 이체를 통해 거래 비용을 절약하는 방법은 뒤에서 좀 더 자세하게 다루겠다.

환전 수수료 우대율 비교

은행연합회 외환길잡이를 통해, 은행별 주요통화 인터넷 환전 수수료 우대율을 비교할 수 있다. 해당 사이트 페이지에서 각국의 통화를 선택하면 KDB산업은행, NH농협은행, 신한은행을 비롯한 총 16개 은행의 환전 수수료와 기본 우대율, 최대 우대율, 우대 사항과 환전 이벤트를 확인할 수 있다. 특히 상단에 '사시는 금액(외화)', '매매 기준율', '환전 수수료율', '환전 우대율'을 입력한 뒤 '조회' 버튼을 누르면, 환전 수수료(원화)와 결제금액(원화)이 얼마인지도 미리 확인할 수 있다.
http://exchange.kfb.or.kr

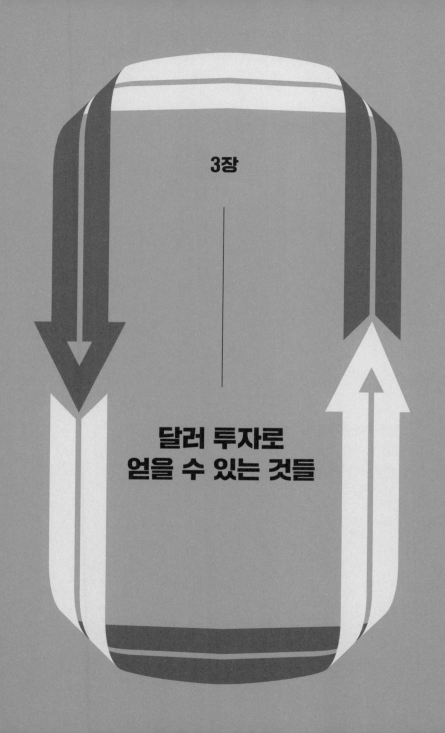

3장

달러 투자로
얻을 수 있는 것들

평가 손실 상황으로
돈을 벌어야 할 달러가 벌지 못하게 된 경우,
또 한 번의 기회를 통해 수익을 만들 수 있다.

직접 달러 투자

달러 투자의 시작은 원화를 달러로 환전하는 것이다. 환율 스프레드나 환전 수수료 우대율, 현찰 달러와 전신환의 구분, 달러 갭 비율 같은 달러 투자 데이터들은 원화를 달러로 환전하는 행위, 곧 달러를 매수할 때 알아야 할 최소한의 정보다. 여기서 중요한 개념 하나가 등장한다. 달러를 매수한다는 것은 바꿔 말해, 원화를 매도한다는 것과 같다는 것이다. 앞에서도 설명했지만, 이렇게 원화를 달러로 환전하는 방법, 즉 달러를 매수하는 방법은 크게 2가지다.

첫 번째는 원화를 '현찰 달러'로 환전하는 것으로, 환전 모바일앱이나 인터넷뱅킹을 통해 환전 신청한 후 은행에 직접 방문해서 수령하면 된다. 아마도 해외여행이나 출장 때문에 환전해 보았다면 이 과정이 그리 어렵지 않다는 걸 알 것이다. 다만 달러 투자 시엔 여행 경비 정도가 아니라 훨씬 규모가 큰 금액을 잦은 횟수로 환전해야 하기에 환전 수수료, 즉 거래 비용을 얼마나 낮출 수 있느냐와 원/달러 환율이 앞으로 상승할 가능성이 있느냐를 충분히 고려해야 한다. 현찰 달러를 환전할 경우 보통은 은행에 방문해서 해당 달러를 직접 수령해야 하는데, 투자용이라면 굳이 인출할 필요는 없다. 신한은행의 쏠SOL이나 KB국민은행의 리브LiiV에서 '환전 모바일 금고' 혹은 '환전 지갑' 같은 메뉴를 활용하면 직접 수령하지 않고도 현찰 달러를 은행에 보관해 놓을 수 있기 때문이다. 단, 이러한 경우 이자 지급이 전혀 되지 않는 등 단순 보관 수준이므로 보다 효율적으로 달러를 보관할 수 있는 방법에 관해서도 미리 알아보고 준비할 필요가 있겠다.

달러를 매수하는 두 번째 방법은 원화를 '전신환'으로 환전하는 것이다. 외화 통장을 개설한 후 인터넷뱅킹 등을 통해 원화를 달러로 입금하는 방식과 증권 계좌를 통해 환전하는 방식이 있다. 환전 수수료 우대율 95% 이상의 혜택을 주는 증권사도 꽤 있고, 그 기간을 한정하긴 해도 환전 수수료 우대율

나는 주식 대신 달러를 산다

100%라는 파격적인 혜택을 주는 증권사도 있으니 잘 찾아보고 이를 활용하자. 참고로 나는 전신환의 경우 키움, NH나무, 신한 이렇게 증권사 3곳을 주로 이용하고, 은행의 경우에는 KB국민은행의 외화 통장을 통해 달러를 매수한다. 증권사는 환전 수수료 우대율이 높은 대신, 오후 4~5시 이후에는 환율이 다음 날의 최초 고시 환율을 기준으로 적용되는 '가환전'만 가능하다. 또한 달러 예금 상품에 가입할 수 없다는 단점도 있으므로 은행에 외화 통장을 개설해서 함께 사용하는 방식을 추천한다. 경우에 따라 외화 통장에 있는 달러를 증권 계좌로 이체하거나 증권 계좌에서 환전한 달러를 은행 외화 통장으로 이체하면 거래 비용을 줄일 수 있고, 가환전 시간에도 다음 날이 아닌 현재의 기준 환율로 거래할 수도 있다.

원화를 달러로 환전하는 것이 달러의 매수라면, 달러를 원화로 환전하는 것은 달러의 매도이다. 달러의 매수가 곧 원화의 매도인 것처럼 달러의 매도는 곧 원화의 매수라고 할 수 있다. 보유 중이던 달러를 모두 팔고 나면, 투자가 멈춰 돈으로 돈을 버는 일이 중단된 것 같아 조바심이 나기도 한다. 이때는 달러를 모두 팔았다고 생각하기보다 가지고 있던 달러로 원화를 샀다고 생각해 보라. 이처럼 원화 가치 상승에 투자한 것이라고 생각하면 그 기다림의 시간이 그리 지루하고 길게만 느껴지지 않을 것이다. 달러 투자는 결국 환율이 낮을 때 산 달러를 환율이 상승할 때 팔아서 그 차익을 취하는 일이다. 싸게 사서 비싸게 파는 것이 핵심이므로, 달러를 살 때나 달러를 원화로 재환전할 때 모두 환전 수수료 우대율 90% 이상을 적용받는 게 중요하다. 높은 거래 비용 때문에 달러가 투자 대상으로서의 가치가 낮다고 이야기하는 사람들이 많은데, 이는 환전 수수료 우대율을 적용해 그 약점을 충분히 보완할 수 있다는 것을 몰라서 하는 이야기다.

실제로 달러를 사고파는 여러 가지 방법을 정리하면, 크게 3가지 유형으로 구분할 수 있다. 첫 번째 유형은, 은행의 인터넷뱅킹이나 환전 모바일앱을 통해 원화로 달러를 환전한 후 기준 환율이 올랐을 때 해당 달러를 다시 원화로 재환전하는 방법이다. 이는 은행에서 환전과 재환전 시 환전 수수료 우대율 90%를 적용시켜줄 때 활용할 수 있는 방법이다. KB국민은행 네트워크 환전의 경우가 대표적이다. KB국민은행의 경우 원화 기준 100만 원 이하, 그리고 1만 달러 이상의 거래에서만 환전 수수료 우대율 90%를 적용받을 수 있다. 참고로 하나은행 원큐1Q를 이용하면 고객 등급과 관계없이 최고 1만 달러까지 환전 수수료 우대율 90%를 적용받을 수 있다. 이를 종합하면, 투자 금액이 1만 달러 이하라면 환전 모바일앱을 하나 혹은 둘 이상을 조합해서 활용하고, 1만 달러 이상이라면 KB국민은행의 네트워크 환전을 이용하면 되겠다. 그리고 경우에 따라 A

나는 주식 대신 달러를 산다

은행에서 산 달러를 B 은행에서 환전하는 것이 더 유리할 때도 있는데, 이때는 앞에서 이미 언급했듯, 계좌 이체나 송금을 하면 수수료가 발생하므로 현찰 달러로 인출한 후 재환전, 즉 달러를 매도할 은행에 입금하는 형태로 거래해야 한다.

달러를 사고파는 두 번째 유형은, 증권 계좌로 달러를 산 후 다시 증권 계좌에서 파는 것이다. 이는 달러 투자에 있어 가장 간단하고 쉬운 방법이라고 할 수 있다. 환율 스프레드와 환전 수수료 우대율 측면에서도 가장 유리하다. 장기 보유해야 하는 달러의 경우 미국 주식 투자 등에 곧바로 활용할 수 있다는 것도 장점이다. 하지만 앞서 여러 번 언급했듯, 증권사에서 거래한 달러는 전신환이므로 이를 현찰로 사용하려면 큰 수수료를 부담해야 한다는 것이 문제다. 증권사를 이용한 달러 거래의 또 다른 단점은, 거래 가능 시간이 짧다는 것이다. 인터넷 뱅킹이나 환전 모바일앱 같은 경우에는 달러 매수와 매도가 거의 24시간 가능하다(은행마다 차이가 있으므로 거래 전에 반드시 확인하자). 하지만 증권사의 경우 거래 시간에 제한이 있다. 보통 오전 8시 30분부터 오후 4시에서 5시까지다. 물론 거래는 언제든지 할 수 있지만, 이 시간 외에는 가환전이라는 개념으로 이루어지므로 달러 투자를 위한 거래엔 적합하지 않다. 가환전이라는 개념은 환율을 특정하지 않고 다음 날 아침 최초의 고시 환율을 기준으로 환율이 적용되므로 환율 차이를 활용한 투자 시에는 별 의미가 없는 것이다.

　달러를 사고파는 세 번째 유형은, 증권 계좌에서 산 달러를 은행 외화 통장으로 이체해서 달러 정기 예금 등에 가입했다가 정기 예금 해지 후 이를 증권 계좌로 이체해 원화로 재환전하는 방법이다. 다소 복잡해 보이긴 하지만, 증권사에서 산 달러를 달러 정기 예금으로 묶어두고 싶을 때 활용할 수 있다. 또 앞에서 말한 증권사의 가환전 시간을 피해서 달러를 매도하고 싶을 때도 이용할 수 있는 방법이다. 여기서 하나 주의해야 할 것이 있다. 현찰로 환전한 달러를 외화 통장에 입금하거나 정기 예금에 가입한 후 인출할 경우 KB국민은행 기준 1.5%의 현찰 수수료가 발생하진 않지만, 단 한 번이라도 증권 계좌로의 송금 등 이체의 과정을 거치면 해당 달러는 '현찰 달러'가 아닌 '전신환'으로 바뀌게 되므로 인출 시 현찰 수수료가 발생한다는 점이다. 현찰 달러가 전신환으로, 그 신분이 자동으로 바뀐다는 말이다. 따라서 곧바로 달러 매도를 통해 원화로 환전하거나 미국 주식에 투자하기 위한 목적이 아니라면, 비교적 큰 수수료를 내고 매수한 현찰 달러를 전신환으로 바꾸는 일은 하지 말아야 할 것이다.

간접 달러 투자

원/달러 환율이 낮을 때 산 달러를 환율이 올랐을 때 팔아서 환차익을 얻는 것이 달러 투자의 가장 일반적인 방식이다. 이처럼 비교적 쉽고 간단해 보이는 방법인데도 많은 이가 투자를 망설이는 건 높은 환전 수수료 때문일 것이다. 하지만 투자의 걸림돌처럼 보이는 환전 수수료도 우대율을 제대로 적용받는 방법만 터득하면 전혀 문제가 되지 않는다. 경우에 따라, 거래 비용이 증권 거래 비용의 3분의 1 정도밖에 되지 않기 때문이다.

달러 ETF 상품

달러 투자가 매력적인 이유 중 절대 빼놓을 수 없는 것 하나는 바로 '돈으로 돈을 사는 것'이라는 점이다. 돈을 상품으로 보고 투자하지만 그 상품 자체가 돈이기도 하므로 안전하다. 그렇다면 달러 ETF 같은 투자 상품은 어떨까? 개인적으로, 달러 ETF 상품 투자는 달러에 간접적으로 투자하는, 곧 '파생 상품 투자'일 뿐이라고 생각한다. 달러 지수나 환율과 연동되어 움직이긴 하지만 거래량이 수반되지 않는 경우 원하는 수량만큼 거래할 수 없다는 게 문제이기도 하거니와, 달러 ETF는 일종의 '달러 표시 자산'일 뿐, 그 자체가 돈은 아니라는 점이 달러 투자와 가장 큰 차이다.

달러를 직접 매수한 경우에는 원/달러 환율 하락 같은 평가 손실 상황에서는 미국 주식에 투자하거나 정기 예금에 가입해 배당이나 이자 수익을 추구하는 식으로 대안을 마련할 수 있다. 심지어 미국 주식의 경우 달러 투자의 평가 손실을 상회하는 높은 수익률도 기대할 수 있다. 하지만 달러 ETF의 경우 이른바 '패자 부활전'의 기회가 원천적으로 차단된다. 달러를 가격 변동의 지표로 삼을 뿐, 그 자체가 곧 달러는 아니기 때문이다. 달러 ETF는 원/달러 환율을 추종하기는 하지만 거래량, 곧 수급에 따라 움직인다. 다시 말해, 사겠다는 사람이 없으면 팔 수 없는 구조여서 그 가격이 환율의 등락률과 정확히 일치

하지 않을 때가 많다. 이는 미세하기는 해도 운용사의 개입으로 인한 가격 왜곡이 어느 정도 가능하다는 뜻이기도 하다. 하지만 내가 달러 투자를 '오직 현찰Only Cash'로만 고집하는 이유는 달러 투자의 가장 큰 장점이 돈으로 위험이 뒤따르는 '금융 상품'이 아닌, 더 안전한 '돈'을 사서 수익을 만들어 내는 것이기 때문이다. 그야말로 환금성 차원에서 '넘사벽'인 투자가 바로 달러 투자인 것이다. 투자 대기 자금이 원화일 때는 한국 주식에, 달러일 때는 미국 주식에 투자할 수 있으니 투자의 투자, 즉 일종의 '무위험 레버리지' 투자 효과를 얻을 수 있는 셈이다.

달러 레버리지 ETF 상품

레버리지 상품은 그것이 개별 종목이든 ETF든 그 무엇이 되었든, 초보 투자자는 절대로 접근해서는 안 되는 위험한 투자 대상이다. 2배 레버리지 상품의 경우 해당 종목의 주가가 10% 상승하는 경우 20%의 수익을 얻을 수 있는데, 높은 수익률을 추구하는 조급한 투자자에게는 더없이 매력적으로 보일 것이다. 하지만 주가라는 게 내 마음처럼 상승만 하는 것은 아니다. 결국은 우상향하는 종목에 투자하더라도 등락을 거듭할 수밖에 없다.

일반적인 주식이나 ETF의 경우 장기 투자를 통해 잠깐의 가격 등락은 있어도 결과적으로 우상향하기만 하면 수익을 낼 수 있지만, 레버리지 상품의 경우에는 그렇지 않다. ETF는 가격 등락이 크지 않기에 레버리지 ETF에 투자해도 크게 문제될 게 없어 보이기도 한다. 하지만 잘 따져 보면 전혀 그렇지 않다. 레버리지 ETF는 1% 상승하면 2% 수익이지만, 반대로 1% 하락하면 2%의 손실을 입게 된다. 주가가 상승하기만 한다면 더없이 좋은 선택이 되겠지만, 하락할 때는 이를 버텨내기가 굉장히 어렵다.

100만 원을 비 레버리지 ETF와 2배 레버리지 ETF에 투자했다고 가정해 보자. 주가는 10% 하락과 10% 상승을 반복하는 상황이다. 초보 투자자들은 대개 10% 하락 후 10% 상승이 있으면 주가가 원래대로 회복하는 것으로 착각하곤 하는데, 일단 '하락'이라는 이벤트가 발생하면 투자 원금이 축소되기에 결론적으로는 손실이 된다. 비 레버리지 상품에 100만 원을 투자했을 경우 10% 하락하면 원금은 90만 원, 다시 10% 상승하면 90만 원에서 99만 원이 되는 것이다. 그런데 레버리지 ETF에 투자했다면 어떨까? 100만 원에서 주가가 10% 하락하면 20% 하락하는 구조이므로 원금은 80만 원이 된다. 여기서 다시 주가가 10% 상승하면 20% 상승한 효과가 만들어져 투자 원금은 96만 원이 된다. 시장은 똑같이 10% 상승했다가 다시 10% 하락한 것이지만, 비 레버리지 ETF와 레버리지 ETF의

나는 주식 대신 달러를 산다

수익에는 약 3만 원의 손실 차이가 발생하는 것이다.

그런데 이러한 주가의 등락이 계속해서 반복된다면 어떨까? 10%의 상승과 하락이 반복될 경우 비 레버리지 ETF는 약 120회 만에 투자 원금이 50%로 줄어들지만, 레버리지 ETF는 단 25회 만에 50%의 손실을 입게 된다. 이를 좀 더 쉽게 주가가 50%에 하락했다가 다시 50% 상승하는 상황으로 설명하자면, 비 레버리지 ETF의 경우에는 100만 원이 50만 원이 되었다가 75만 원이 되지만, 레버리지 ETF의 경우에는 100만 원이 0원이 되었다가 손실이 그대로 확정되어 투자가 끝나게 된다. 레버리지 상품의 경우 50%의 하락은 곧 100%의 하락을 의미하는 것이기 때문이다. 원금이 0원이 아니라 1만 원 정도 남았다 하더라도 향후 50%의 상승, 즉 100%의 상승 효과를 얻는다 하더라도 수익은 1만 원의 100%인 1만 원밖에 되지 않기에 투자 원금이 2만 원 정도에 불과할 것이다.

이처럼 레버리지 ETF는 그 자체로도 매우 위험한 투자다. 장기적으로 봐도, 이로 인한 달러 투자 손실을 배당 수익으로 헷지하려는 수단으로 사용하기에도 적합하지 않은 투자 대상이라고 할 수 있다.

달러 인버스 ETF 상품

환율이 상승보다는 하락할 가능성이 더 큰 상황에서 사람들은 인버스 상품, 즉 원/달러 환율 하락에 베팅하는 상품에 투자한다. 이에 대한 나의 생각을 묻는다면, 한마디로 매우 부정적이라고 하겠다.

한국인들은 기본적으로 원화를 보유한다. 우리가 소유한 집 역시 원화로 그 가치가 매겨져 거래되기 때문에 한국의 부동산도 '원화 베이스의 자산'이라고 할 수 있다. 이 말은 곧, 우리는 부지불식간에 대부분의 자산을 원/달러 환율이 상승하는 것의 반대 방향에 투자하고 있다는 뜻이다. 원/달러 환율 하락에 투자하고 싶다면, 보유하고 있는 달러를 팔아 치우고 그냥 가만히 있으면 '원화 가치 상승'에 투자하는 것과 마찬가지의 결과를 얻을 수 있다. 이 말은 군이 위험이 뒤따르는 파생 상품을 살 필요가 없다는 이야기다.

그럼에도 불구하고 달러 인버스 ETF 상품에 투자하는 것은 원/달러 환율에 대해 '하락의 하락', 그러니까 레버리지 상품에 투자하는 것과 동일한 위험을 감수해야 한다는 의미다. 앞에서 절대로 투자해서는 안 된다고 말한 그 위험천만한 레버리지 상품을 자신도 모르게 사는 효과를 얻게 되는 것이다.

FX마진 거래

달러 투자라고 하면, 투자를 좀 해본 이들이 가장 먼저 떠올리는 것이 바로 FX마진 거래다. 하지만 이는 내가 추구하는 달러 투자와 다소 거리가 있다. 방금 이야기했듯 달러 투자는 실제 달러를 사고파는 행위이지만, FX마진 거래는 달러 가격의 등락에 투자하는 일종의 파생 상품이라는 점에서 큰 차이가 있다. FX마진 거래와 달러 투자는 둘 다 환율을 근거로 투자한다는 점에서는 같지만, 위험성에서 차이가 크다. 그 차이를 만드는 것은 레버리지 사용 여부다. 10배에 달하는 레버리지를 사용할 수 있다는 말은 단 10%의 하락에도 원금 전액을 잃을 수 있다는 말과 다름없다. 그나마 제도권 증권사에서 운용하는 FX마진 거래의 경우 대부분 레버리지를 10배까지만 허용하지만, 비 제도권 회사에서 운용하는 FX마진 거래의 경우 레버리지를 100배까지 허용하는 일도 있다. 이는 원/달러 환율이 단 1%만 하락해도 100% 손실이 발생할 수 있다는 의미다.

투자에서 실현하지 않은 손실은 확정된 것이 아니다. 현시점 투자 수익률이 마이너스라고 해도 이를 매도하지 않는 한 결과가 손실은 아니라는 말이다. 이것이 도박과 가장 큰 차이다. 하지만 FX마진 거래는 내 의지와 상관없이 손실이 확정될 수 있다는 점에서 매우 위험한 투자 상품이다.

———

칼은 유명 셰프의 손에 들렸을 때는 맛있는 요리를 만들어내는 도구가 되지만, 범죄자의 손에 들려 있으면 위험천만한 무기가 될 수 있다. 이처럼 레버리지는 도박과 투자의 차이를 제대로 이해하지 못한 사람에게는 어린아이 손에 들려진 칼과 같다. 절대로 돈을 잃지 않는 안전한 투자를 하고 싶은가? 그렇다면 달러는 직접 현찰로 사고팔길 바란다.

달러 예금과 달러 ETF, 무엇이 다를까

달러 예금이란, 말 그대로 미국 달러로 예금하는 것을 뜻한다. 달러를 취급하는 은행에서 쉽게 달러 통장을 개설해 가입할 수 있다. 환율이 저렴할 때 달러를 사두고 증권사와 연계시켜 해외 주식 투자를 할 수 있다는 점에서 편리하며, 원리금 손실 위험이 없다는 것이 가장 큰 장점이다. 반면 달러 ETF는 미국 상장지수펀드로 거래소에 상장이 되어 주식처럼 매수하거나 매도할 수 있는 '달러 표시' 펀드라고 보면 된다. 운용 수수료가 거의 없고 즉시 매도도 가능하기에 원하는 시점에 수익 실현이 가능하다. 또 예금에 비해 높은 수익률을 기대할 수 있다는 것이 장점이지만, 원리금 손실 위험이 존재한다는 것도 알아두자.

나는 주식 대신 달러를 산다

달러 정기 예금

전작 《아빠의 첫 돈 공부》에서 밝혔듯, 나는 책을 통해 경제적 자유를 달성하는 방법을 찾았다. 예·적금부터 주식과 부동산 그리고 달러 투자를 통해 월급 노예에서 벗어나 경제적 자유를 얻을 수 있었다. 나의 여러 가지 파이프라인 중에서도 내가 달러를 좋은 투자처로 생각하는 이유는 크게 3가지다.

첫째, 안전하다.

둘째, 세금이 없다.

셋째, 예금 이자 등 추가 수익을 기대할 수 있다.

이처럼 달러에 투자할 때는 예금을 통해 얻을 수 있는 부분도 상당하기에, 이 부분도 잘 따져서 살펴보자.

외화 통장 개설

먼저, 달러 정기 예금에 가입하려면 외화 통장을 개설해야 한다. 막연하게 이를 어렵게 생각하는 사람들이 많은데, 생각보다 매우 간단하고 또 쉽다. 그냥 은행에 가서 원화 통장을 개설하듯 달러를 입금시킬 수 있는 통장을 하나 개설해 달라고 요청하면 된다. 외화 보통 통장을 만든 후, 예금 상품 가입은 은행에 방문해서 할 수도 있지만 인터넷(모바일)뱅킹을 이용하는 것이 좋다. 투자를 병행하려면 가입과 해지가 편리하고 쉬워야 하기 때문이다. 이자율 또한 은행 창구에서 가입하는 것보다 오히려 유리하다.

가입 기간

달러 정기 예금은 예치 기간을 길게 정할수록 이자율이 높다. 가입 기간은 외화 예금의 주된 목적이 '이자 수익'인지 '환차익'인지에 따라 선택해야 한다. 만약 환차익이 주된 목적이라면 환차익이 발생했을 때 바로 매도할 수 있어야 하므로 2일

이상만 예치해 두어도 이자 수익을 기대할 수 있는 상품을 선택하는 것이 좋다. 하지만 환차익을 거둘 수 있는 가격대에서 멀어져 오랜 기간 보유가 필요할 경우에는 7일 이상, 1개월 이상 등으로 가입 기간을 늘려가는 방법이 유리하다.

현찰 수수료

일반적으로 달러를 인출할 때는 현찰 수수료가 약 1.5%에 육박한다. 하지만 입금 후 곧바로 출금해도 현찰 수수료가 아예 없는 은행도 있고, 입금 후 일주일 후에나 수수료가 면제되는 은행도 있다. 전신환으로 환전한 후에 예치한 달러는 인출할 때 무조건 현찰 수수료가 발생할 수 있으므로, 해외여행이나 출장 등 현찰이 필요할 때는 현찰 환전을 통해 입금하는 것이 현명하다.

이자 수익

원화로 정기 예금에 가입할 때도 은행과 상품의 종류에 따라 이자율이 다르다. 외화 정기 예금 역시 은행과 상품의 종류는 물론, 가입 기간에 따라서도 이자율이 제각각이다. 사실상 달러 투자는 이자 수익보다는 환차익이 주된 목적이기 때문에, 1년 이상 장기간이 소요되는 정기 예금을 이용하는 것보다는 2일 이상 일주일 이하의 단기 상품을 이용하는 편이 좋다. 또 단기 상품에 가입하더라도 자동 연장 같은 조건을 활용하면 수익을 실현할 때까지 지속적으로 이자 수익을 추구할 수 있다는 것도 알아두자.

KB국민은행의 경우, 외화 정기 예금의 최소 가입일은 2일 이상이며 2~7일까지 적용 이자율은 2019년 초 기준 약 1.84%다. 정기 예금 가입 기간에 따라 이자율이 차등 적용되는데, 1개월 이상, 6개월 이상, 1년 이상으로 길어질수록 높은 이자율을 적용받을 수 있다. 하지만 안타깝게도 2021년 현재로서는 이 달러 정기 예금을 달러 투자에 활용할 수 없는 상태다. 1년 만기 정기 예금 금리가 대략 0.03119%일 정도로 그냥 '0'으로 봐도 무방한 수준으로 낮아졌기 때문이다. 2018년까지만 해도 2% 수준에 육박했던 정기 예금 이자 금리가 0%에 가깝게 하락한 것이다. 마이너스 기준 금리 시대에 어쩌면 당연한 일이기도 하다. 따라서 이자 수익을 목적으로 정기 예금에 가입하는 것이라면, 현시점 달러 정기 예금보다는 저축 은행 기준 약 2% 정도의 이자 수익을 기대할 수 있는 원화 정기 예금을 이용하는 것이 현명하다. 단, 언제가 될지는 모르지만 금리가 다시 상승하게 된다면 달러 정기 예금을 달러 투자 시 유용하게 사용할 수 있으니 미리 알아두는 게 좋겠다.

나는 주식 대신 달러를 산다

미국 월 배당 ETF 투자

나는 달러에 투자한 이래로 지금까지 단 한 번도 실패한 적이 없다. 2017년에 처음 달러 투자를 시작했으니, 거의 4년 동안 한 번의 손실도 입지 않았다는 말이다. 어떻게 이런 일이 가능했을까? 비결은 생각보다 단순하다. 매수한 달러가 손실 상황일 때는 절대 팔지 않는다는 원칙을 지킨 덕분이다. 그리고 여기에 하나의 비결이 더 있다. 바로 평가 손실 상황인 달러, 즉 돈을 벌어야 할 달러가 벌지 못하게 된 경우에 또 한 번의 기회를 통해 수익을 만들어 낸 것이다. 바로 미국 주식에 투자함으로써.

예를 들어보자. 일단 원/달러 환율이 1,200원일 때 달러를 샀다고 하자. 그런데 사자마자 환율이 12원이나 폭락했다. 사실 폭락이라고 해봤자 1%의 평가 손실에 불과하지만 그럼에도 12원이 다시 올라야 하는, 그러니까 폭등을 기다려야 하는 상황이 되었으니 일시적일지라도 투자금이 묶여 수익 실현의 기회가 멀어진 것임엔 틀림없다. 다행이라면, '패자 부활전'처럼 또 한 번의 기회를 노려볼 수 있다는 점이다.

사실 이는 달러가 상품이 아닌 그 자체가 돈이어서 가능한 일인데, 1,200원에 매수한 달러를 미국 월 배당 ETF에 투자하는 것이다. ETF 역시 변동폭이 크지는 않지만 1% 정도의 등락을 폭등이나 폭락으로 표현하지 않는다. 1% 정도의 수익을 기대하는 것이 그리 어려운 일은 아니라는 말이다. 게다가 투자한 ETF가 시가 배당률 6% 이상의 고배당주라면 주가의 변동이 없다는 전제 아래 약 2개월 정도만 기다리면 손실분을 만회할 수 있다는 계산이 나온다. 이것이 내가 월 배당 ETF 투자와 달러 투자를 병행하게 된 이유다. 2개월 후 원/달러 환율이 원래의 수준 이상으로 회복되어 환차익까지 누릴 수 있다면 더 좋은 투자 결과를 얻을 수도 있다. 돈을 잃지 않을 기회가 2번이나 되는 셈이다.

그런데 배당주 투자는 생각보다 쉽지 않다. 그 이유는 크게 3가지다. 첫 번째는 배당 수익을 위해 길게는 1년, 짧아도

3개월을 인내해야 하기 때문이다. 차라리 파킹통장(목돈을 잠시 보관하는 용도로 단기간 자금을 굴릴 수 있고 수시로 입·출금이 가능한 통장)에 넣어두는 편이 더 나을 정도다. 두 번째는 인내하고 기다렸지만 갑자기 기대했던 배당금이 줄거나 사라져 버릴 수 있기 때문이다. 이른바 '배당 쇼크'라고 하는데, 이때는 배당금만 줄거나 사라지는 것이 아니라 주가까지 크게 폭락하는 경우가 많아서 배당주 투자에서는 그야말로 최악의 상황이라고 할 수 있다. 마지막 세 번째는 배당 시즌에는 배당락으로, 비 배당 시즌에는 거래량 감소로 주가가 안정적이지 않기 때문이다. 한마디로 배당으로 주당 100원을 받으려고 했는데, 주가가 주당 1,000원이 하락하는 일도 일어날 수 있다는 말이다.

하지만 이 모든 배당주 투자의 약점을 극복할 수 있는 방법이 있으니, 바로 '미국 ETF 월 배당주 투자'다. 미국 ETF 월 배당주에 투자하면 앞에서 언급한 배당주 투자의 약점이 오히려 강점으로 작용할 수 있다. 그 강점이란 첫째, 매월 배당금이 월급처럼 꼬박꼬박 들어온다는 것이다. 배당금 입금 문자 메시지를 받을 때마다 그야말로 '힐링'이 된다. 둘째, 개별 종목이 아닌 수십 개의 종목이 하나로 묶인 펀드이다 보니 배당금이 줄거나 사라질 가능성이 상대적으로 작다는 것이다. 설사 그런 일이 일어난다고 해도 일반적인 배당주들처럼 짧게는 3개월, 길게는 1년 정도가 아닌, 1개월 정도만 기다리면 되기에 배신

감 또한 덜하다. 또 이런 경우 수익 구간에만 있다면 가차 없이 매도하면 그만이다. 셋째, 배당 시즌이라는 것이 따로 존재하지 않기에 주가가 안정적이라는 것도 강점이다.

ETF 역시 그 종류와 수가 엄청나게 많다. 따라서 투자 종목을 고를 때는 몇 가지 목표와 원칙을 세우는 것이 좋다. 시세 차익보다 배당 수익에 집중하고, 월 적립식 투자를 통해 안정성을 확보하는 것이 중요하다. 또한 지급받은 배당은 재투자를 통해 복리 수익을 기대할 수 있게 만들어야 한다. 주식뿐만 아니라 리츠나 채권 관련 ETF에 분산 투자하는 것도 방법이다. 이처럼 달러 투자의 관점에서 볼 때, 미국 월 배당 ETF는 시세 차익보다 안정적인 배당 수익을 통해 달러 투자 손실분을 만회하는 방향으로 투자 계획을 세우는 것이 현명하다.

나는 이러한 이유로 달러 투자 후 수익 실현을 위한 기간이 오래 소요될 것으로 판단할 때는 해당 달러를 미국 월 배당 ETF에 투자해 투자 수익과 배당 수익 그리고 최종적으로 환차익까지 노리는 전략을 취한다. 내가 현재 투자 중인 미국 월 배당 ETF를 부록에 담았으니, 참고하면 도움이 될 것이다.

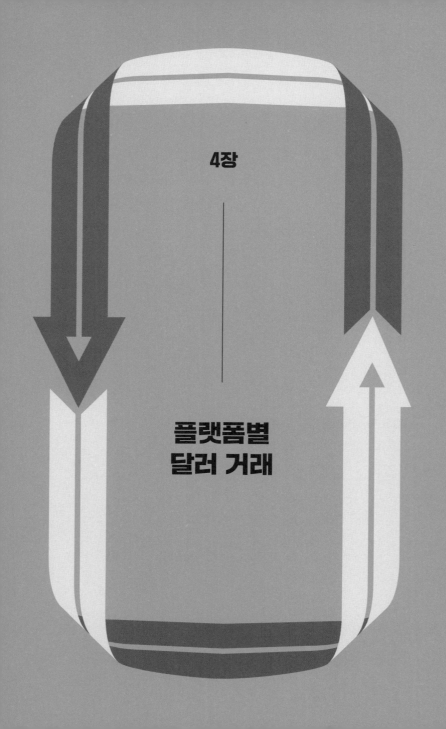

4장

플랫폼별
달러 거래

달러 투자에는 엄청난 매력이 하나 있다.
세금이 '0원'이라는 사실이다.

환전 모바일앱으로 투자하기

앞서 여러 번 강조했듯 달러 투자를 효율적으로 하려면, 달러를 싸게 사는 법, 즉 환전 수수료 우대율을 최대로 적용받는 방법을 찾아내야 한다. 보통 시중 은행의 최대 환전 수수료 우대율은 90%이므로 일단은 이를 목표로 삼자. 신한은행의 모바일뱅킹 서비스인 쏠 애플리케이션을 다운받으면 환전 수수료 우대율 90%를 받을 수 있다. 신한은행은 물론이요 다른 은행의 환전 앱을 사용할 때도 대부분 해당 은행의 계좌가 있어야 하므로 은행에 방문하거나 비대면 방식으로 계좌를 개설해 두자.

신한은행 쏠의 환전 한도는 1인당 일 2,000달러, 미수령 잔액 기준 1만 달러까지다. 일반 환전 앱의 한도액이 원화 기준 100만 원 정도임을 감안하면 신한은행 쏠의 한도액이 다소 높은 편이라는 걸 알 수 있다. 원/달러 환율이 하락했을 때 조금씩 분할 매수하기에 유용하다. 쏠의 또 다른 장점은 '환전 모바일 금고' 기능이다. 해외여행 시에는 '쏠 편한 환전'이라는 메뉴를 이용해 환전한 후, 은행이나 공항에서 현찰 달러를 수령하면 된다. 하지만 투자 시에는 굳이 현찰 달러를 수령하기 위해 은행에 방문하는 수고를 할 필요가 없다. 이를 환전 모바일 금고에 넣어두면 되니까. 여기에 넣어두었다가 차익이 발생하면 바로 매도하는 것이 가능하다. 달러 매도는 '원화로 재환전' 하는 개념인데, 이때도 환전 수수료 우대율 90%를 적용받을 수 있으므로 유용하다.

환전 수수료 우대율 90%를 적용받을 수 있는 은행 앱에는 신한은행 쏠 외에도 KB국민은행의 리브, 우리은행의 위비 Wibee, IBK기업은행의 아이원i-one, NH농협은행의 올원뱅크All One Bank, 하나은행의 원큐 등이 있다. 이들 환전 모바일앱은 대부분 1일 환전 한도액이 원화 기준 100만 원까지로 설정되어 있는데, 우리은행의 위비는 비회원 자격으로 100만 원을 추가로 환전할 수 있고, IBK기업은행 아이원은 하루 3,000달러, 하나은행 원큐는 하루 1만 달러까지 환전이 가능하다. 지금 소

나는 주식 대신 달러를 산다

시중 은행별 환전 모바일앱

은행명	환전 앱명	환전 한도액	환전 수수료 우대율
신한은행	쏠	1일 100~2,000달러	90%
KB국민은행	리브	1일 100만 원	90%
우리은행	위비	비회원 자격 100만 원 추가	90%
IBK기업은행	아이원	1일 3,000달러	90%
NH농협은행	올원뱅크	1일 100만 원	90%
하나은행	원큐	1일 1만 달러	90%

개한 앱들만 잘 활용해도 하루 2만 달러 정도의 달러 매수가 가능하다. 다만 이렇게 하려면 여러 개의 앱을 이용해야 하므로 다소 번거롭고, 큰 금액을 거래할 때는 시간도 제법 오래 걸려서 정확한 매수 타이밍을 놓칠 수 있다는 단점이 있다.

1가지 팁을 주자면, 신한은행 쏠의 경우 1일 2,000달러, 누적 1만 달러까지 환전 수수료 우대율 90% 혜택을 적용받을 수 있는데, 자정 이전인 밤 11시 55분에 2,000달러, 자정 이후 새벽 12시 5분에 2,000달러를 매수할 경우 10분 만에 총 4,000달러를 매수할 수 있다. 매수 시엔 달러를 '환전 모바일 금고'에 넣고 매도 시에는 '수령등록 – 원화로수령(재환전)' 메뉴를 사용하면 은행에 방문해 해당 달러를 수령하지 않아도 달러 투자 수익을 거둘 수 있다.

옆의 캡처 화면은 실제로 내가 2,000달러를 매수한 사례다. 원화로 재환전 시 당시 환율로 약 2,000원 정도의 수익을 실현할 수 있다는 걸 알 수 있다. 원/달러 환율이 1,155원일 때 달러를 매수했는데 원/달러 환율이 다시 1,190원 정도로 상승한다면, 재환전 시 예상 수령 원화가 238만 원이므로 약 7만 원 정도의 차익이 발생하는 구조다. 수익률이 약 3% 정도인데, 이는

수령등록	✕
환전정보	
환전번호	800-49342-8980
환전통화	USD
환전금액(외화)	2,000
출고방법	
외화현찰수령	원화로수령(재환전)
입고 시 원화 결제 금액	2,311,220원
수령 시 원화예상금액	2,313,360원
입금계좌	
선택하여 입력	⌄
알아두세요.	⌄
신청	

자료원 : 신한은행 쏠

1개월 만에 하락한 것이므로 1개월 뒤 다시 상승할 것으로 보고 계산하면 연간 수익률이 36%가 넘는다. 게다가 이 수익에는 엄청난 매력이 하나 있다. 세금이 '0원'이라는 사실이다. 보통 15.4%나 되는 이자 소득세는 물론이거니와 금융 종합 소득세도 붙지 않는 것이다.

단, 큰 금액을 환전할 경우에는 은행의 인터넷뱅킹 환전을 이용하는 것이 좋다. 1만 달러 이상의 경우에만 환전 수수료 우대율 90% 이상을 받을 수 있는 등 은행마다 추가 우대율 조건이 있으므로 총 투자금액이 1,000만 원 이상일 경우에는 좀

나는 주식 대신 달러를 산다

더 알아보고 실행하자.

　환전 모바일앱으로 달러를 거래할 때 가장 큰 장점은 24시간 이용이 가능하다는 것이다. 인터넷뱅킹으로 달러를 거래하는 경우에는 보통 은행 영업시간인 오전 9시부터 오후 4시까지만 가능하다. 또 증권사를 이용할 경우에도 오전 8시 30분경부터 오후 5시까지만 거래할 수 있다. 증권사의 경우 영업시간 외에도 거래할 수 있지만 앞서 여러 번 언급했듯 가환전, 한마디로 기준 환율이 바뀔 수 있는 상황에서 거래해야 하므로 투자 목적으로 달러를 매수하거나 매도하기에는 적합하지 않다.

　환전 모바일앱으로 달러에 투자할 때 단점도 있다. 거래 금액에 제한이 있다는 것이다. 일반적으로 원화 기준 100만 원 정도이고, 하나은행 원큐의 경우 1만 달러인데, 이 정도가 가장 많은 수준이다. 대규모로 거래하기엔 한계가 있다는 말이다. 또 증권사를 통한 환전과 비교하자면 환율 스프레드율이 높고 환전 수수료 우대율은 낮다. 만약 이런 제약과 단점이 없다면 24시간 거래가 가능한 환전 모바일앱만 사용해도 효과적으로 달러에 투자할 수 있었을 것이다. 그러나 이러한 단점이 분명이 존재하므로, 환전 모바일앱뿐 아니라 인터넷뱅킹과 증권사를 통한 달러 거래 방법도 알아둘 필요가 있다.

인터넷뱅킹으로 투자하기

달러 투자가 처음이라면, 앞에서 소개한 환전 모바일앱을 이용해 소액으로 경험을 쌓아가는 방식을 추천한다. 하지만 이미 얘기했듯 환전 모바일앱은 거래 금액에 제한이 있다. 이러한 이유로 나는 은행 영업시간 외에는 모바일앱을 이용하지만 은행 영업시간 내라면 은행의 인터넷뱅킹이나 증권사를 통해 달러를 거래한다.

수익의 극대화를 위해서는 금액의 크기와 관계없이 환전 수수료 우대율 90% 이상을 받을 수 있는 환경을 만들어야 한다. 안타깝게도 인터넷뱅킹을 통환 환전의 경우에는, 웬만한 환전 모바일앱들이 환전 수수료 우대율 90%를 적용해 주는 것과 달리, 은행별로 개인의 고객 등급에 따라 적용하는 환전 수수료 우대율이 제각각이다.

KB국민은행의 경우에는 1만 달러 이상을 거래하는 한에서 고객 등급과 관계없이 최고 90%의 환전 수수료 우대율을 적용해 준다. 네트워크 환전이라는 메뉴를 이용하면 된다. 은행의 인터넷뱅킹을 통한 환전 시 모바일앱보다 큰 금액을 거래할 수 있다는 것이 장점이다. 물론 은행 영업시간 내에서만 거래가 가능하다. 그렇다면 '영업시간 내에서는 인터넷뱅킹을, 영업시간 외에는 환전 모바일앱을 사용하면 되겠군' 하고 생각할 수 있다. 하지만 인터넷뱅킹보다 더 높은 환전 수수료 우대율을 적용받을 수 있는 곳이 있으니, 바로 증권사다. 증권사를 이용한 환전 방법도 알아두어야 하는 이유다.

그러면 이제는 새로운 의문이 들 것이다. '어차피 영업시간 내에 거래한다면 환전 수수료 우대율이 좋은 증권사만 이용하면 되지 않나? 왜 굳이 인터넷뱅킹을 통한 달러 거래까지 알아두어야 하는 거지?' 이에 대한 답은 앞서 설명했던 현찰 달러와 전신환의 차이 때문이다. 인터넷뱅킹을 통해 환전할 때는 현찰로 인출하더라도 현찰 수수료가 발생하지 않는 현찰 달러 매수다. 하지만 증권사에서 환전하면 수수료, 즉 거래 비용 면에서는 훨씬 유리하지만 현찰 달러가 아닌 전신환이므로 매수한 달러를 미국 주식 투자 같은 다른 투자 자금으로 활용할 수는 있어도 여행이나 유학 자금처럼 실제 현금으로 활용하기엔 다소 불리한 것이다. 결국 인터넷뱅킹을 통한 달러 거래와 증권사를 통한 달러 거래 이 2가지를 모두 알고 있어야 상황에 따라 더 유리하게 달러를 이용할 수 있다.

나는 KB국민은행을 달러 투자 시 주거래 은행으로 이용하고 있다. 1만 달러 이상을 거래할 때는 네트워크 환전을 통해 현찰 달러를 기준으로 90%의 환전 수수료 우대를 받을 수 있고, 무엇보다 현찰 달러의 입·출금 시 수수료가 없기에 보관과 이동이 간편하다는 장점이 있어서다. 현찰 달러 환전 시 수령 기간과 수령 지점을 마음대로 조정할 수 있다는 것도 장점이다. 외화 정기 예금 가입도 모바일로 간단하게 할 수 있다. 게다가 다음에 소개할 키움증권의 MTS에서 지원하는 외화 가상 계좌가 KB국민은행인데, 은행과 증권사 간 달러 송금이나 이체 시 수수료가 발생하지 않는다는 것도 빼놓을 수 없는 장점이다. 사실 이 모든 것을 알게 되기까지 나는 수많은 시행착오를 거쳤다. 우체국은행까지 포함해 시중의 거의 모든 은행을 통해 달러 거래를 해본 뒤에야 투자에 가장 편리하고 유리한 은행을 찾았는데, 그것이 바로 KB국민은행이었다.

이 책을 통해 은행 선택의 과정 하나면 생략해도, 달러 투자를 효율적으로 진행하는 데 소요되는 시간을 상당 부분 줄일 수 있을 것이다. 하지만 이 경험적 데이터도 어디까지나 과거의 데이터다. 달러 투자에 있어 이제 KB국민은행보다 더 유리한 은행이 새로 생겼을 수도 있다. 그러니 투자 전에는 스스로 찾아보려는 노력도 해보자.

1만 달러 이상 환전하면…

'건당 미화USD 1만 달러를 초과하여 환전하는 경우에는 외국환거래은행 규정에 의거하여 동사실이 국세청에 자동 통보됩니다.'

달러 투자를 하다 보면, 이 같은 안내 문구를 만나게 된다. 괜히 달러에 투자했다가 국세청에서 세무 조사라도 받게 되면 어떡하나 덜컥 겁이 날 수 있다. 하지만 달러를 소지할 목적으로 환전하는 경우, 문제 될 것이 없다. 일단은, 달러 투자를 통한 환차익에는 세금 자체가 없으므로 세무 조사를 받을 이유가 없다. 그런데 왜 이런 문구가 뜨는 걸까?

이는 외화의 해외 유출을 통한 자금 세탁 등의 범죄를 예방하기 위한 것이다. 1,000만 원 이상 고액의 현금 거래가 일어나면 금융회사의 고액현금거래보고CTR 기준에 의해 금융정보분석원FIU에 해당 정보가 자동으로 보고된다. 하지만 달러 투자는 불법이 아니다.

한번은 경찰서에서 한 통의 전화를 받았다. 금융거래 관련 범죄 혐의가 포착되었으니 조사를 받으러 오라는 내용이었다. 작년에 거래한 거액의 달러가 문제가 되었던 것이다. 한 해 동안 계좌 한 곳에서만 70억 원에 달하는 달러를 환전하고, 그런 비슷한 규모로 거래한 계좌가 8개나 있으니, FIU 같은 곳에서 한 번쯤 연락이 올 수도 있겠다 생각하긴 했다. 그러나 갑자기 경찰에 피혐의자로 소환되어 조사까지 받게 되리라곤 예상치 못했기에, 유리멘탈 소유자로서 놀랄 수밖에 없었다. 나는 지능수사팀에서 2시간가량 조사를 받았다. 지은 죄가 없긴 했지만 '털어서 먼지 안 나는 사람 있으랴'라는 말에 자못 긴장이 되었다. 사실 달러 투자가 워낙 큰 금액으로 이뤄지기에 나도 모르는 사이 위법 행위를 저지르면 어쩌나 싶어 본격적인 투자 전 국세청과 기재부에 직접 연락해 질의를 한 적도 있었다.

수사관의 질문에 따라 나는 환전 자금의 출처와 투자 방식 등을 차근차근 설명했다. 조사를 받은 며칠 후, 수사관으로부터 최종 '혐의 없음'으로 결론지었다는 반가운 연락을 받았다. 원래부터 죄가 없긴 했지만 그처럼 확답을 받고 나니 홀가분했다. 죄 짓고는 못 살겠다는 생각도 들었다. 단, 하나 더욱 확실해진 것이 있었다. 1만 달러 이상으로 달러 투자를 하더라도 문제가 되지 않는다는 것 말이다.

나는 주식 대신 달러를 산다

03

증권사 MTS로 투자하기

증권사 MTS_{Mobile Trading System}를 통한 달러 거래에는 단점이 몇 가지 있다. 그중 하나는 환전 모바일앱과는 달리 24시간 거래가 불가능하다는 것이고, 또 다른 하나는 은행의 인터넷뱅킹과 달리 증권사를 통해서는 현찰 달러가 아닌 전신환 거래만 가능하다는 것이다. 하지만 이런 단점들을 극복하고도 남을 만한 커다란 장점이 하나 있는데, 그것은 바로 거래 비용이 가장 저렴하다는 것이다.

주로 현찰 달러를 거래할 수 있는 환전 모바일앱과 인터넷뱅킹의 경우 일반적인 환율 스프레드는 약 1.75%다. 하지만 증권사의 경우 대부분 1%다. 게다가 증권사의 환전 수수료 우대율은 최고 수준이 90%인 은행보다 더 높은 95%다. 심지어 어떤 증권사는 이벤트 기간에만 제공되긴 해도 환전 수수료 우대율이 100%일 때도 있다.

원/달러 환율 1,200원을 기준으로 계산해 보면, 환전 모바일앱이나 인터넷뱅킹의 경우 환율 스프레드 1.75%에 90%의 환전 수수료 우대율을 적용해 계산하면 거래 비용이 약 0.35%다. 달러를 사고팔 때 달러당 약 4.2원 정도의 거래 비용이 발생하는 셈이다. 이를 다르게 표현하면 기준 환율 1,200원에 산 달러는 1204.2원 이상으로 환율이 상승해야 수익을 낼 수 있다는 얘기다. 그런데 똑같은 달러를 증권사를 통해 거래하면 환율 스프레드 1%에 95%의 환전 수수료 우대율을 적용해 계산하면 거래 비용이 약 0.1%다. 1,200원에 산 달러가 1,201.2원 이상만 돼도 수익을 낼 수 있는 것이다.

그렇다면 거래 비용이 저렴한 증권사를 통해 달러에 투자하면 되는데, 굳이 환전 모바일앱이나 인터넷뱅킹을 이용하는 이유는 무엇일까? 2가지 때문이다. 첫째, 거래 시간에 제약이 있어서다. 앞에서도 말했듯, 증권사를 통한 환전은 대략 오전 8시 30분부터 오후 4~5시까지만 가능하다. 이후에도 거래가 가능하긴 하지만 '가환전율'을 적용받는다. 낮은 환율에 산 달러를 높은 환율에 팔아야 하는데 환율이 얼마가 될지 모르는 상황에서 달러에 투자한다는 건 합리적인 선택이 아니다. 물론 한국투자증권의 경우 실시간 환율로 24시간 달러 투자가 가능하기는 한데 환전 수수료 우대율이 최고 80% 정도다. 이는 증권사를 통한 달러 거래의 가장 큰 장점인 거래 비용이 낮다는 점을 100% 활용할 수 없다는 점에서 아쉬움이 크다. 따라서 나는 은행과 증권사의 영업시간 외에 달러 거래를 할 때는 주로 환전 모바일앱을 이용한다.

달러 투자 시 환전 모바일앱이나 인터넷뱅킹을 이용하는 두 번째 이유는, 증권사에서 달러 거래를 할 경우 전신환 거래만 가능하기 때문이다. 따라서 달러를 현찰로 인출해야 할 때는 적합하지 않다. 만약 현찰 달러는 필요 없고 오로지 환차익만을 목적으로 투자할 생각이라면 굳이 거래 비용이 비교적 높은 인터넷뱅킹을 이용하지 않아도 된다.

참고로, 내가 주로 사용하는 증권사는 키움증권이며, NH나무와 신한투자증권도 가끔씩 활용하고 있다. 왜 증권사를 3곳이나 이용하는지 궁금할지도 모르겠다. 이해를 돕기 위해, 내가 이 3곳의 증권사에서 달러를 거래하며 비교했던 자료를 공개하고자 한다. 이 세 증권사에서 같은 시간, 달러를 매수했을 때 매수 기준가는 다음과 같았다.

키움증권: 1,164.45원

NH나무: 1,163.94원

신한투자증권: 1,164.46원

　　매수 기준가가 증권사마다 달랐다는 말이다. 금융사마다 고시하는 매매 기준율, 즉 고시 환율은 그때그때 조금씩 다르기에 매매 시 직접 비교해 보고 선택해야 한다.

　　이 밖에도 증권사 MTS를 이용해 달러에 투자할 때 좋은 점은 달러의 매수든 매도든 거래가 매우 간단하고 쉽다는 것이다. 환전 모바일앱이나 은행의 인터넷뱅킹으로 달러를 거래하는 경우에는 선택하고 입력해야 하는 여러 가지 항목이 많지만, 그에 비해 증권사 MTS는 거래 금액을 입력하고 확인만 하는 정도라서 빠르고 쉽게 거래할 수 있다.

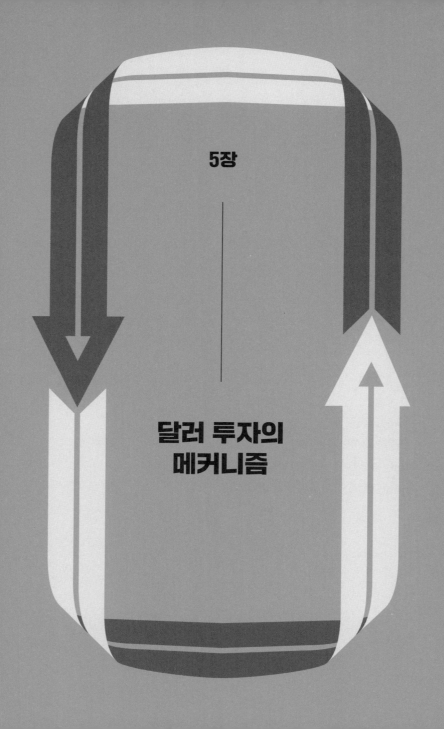

5장

달러 투자의
메커니즘

워런 버핏은
"좋은 공이라고 생각할 때만 방망이를 휘둘러야 한다"고 말했으나,
나는 방망이를 휘두르지 않고도
볼넷으로 느긋하게 걸어서 출루할 수 있었다.

도박과 투자

지금까지의 내용이 달러 투자를 하는 방법에 관한 것이라면, 이제부터는 달러 투자를 잘하는 방법에 관해 이야기하고자 한다. 가위는 보를 이기고, 바위는 가위를 이기며, 보는 주먹을 이긴다. 이를 아는 것은 '지식'이다. 하지만 이 정도의 지식을 갖추는 것만으로 가위바위보 게임의 승률을 높일 수는 없다.

한 연구에 따르면, 가위바위보 게임에서 남자는 가장 처음에 주먹을 내고 여자는 가위를 내는 확률이 높다고 한다. 또 한 사람이 2번 이상 같은 손가락 모양을 냈을 경우 세 번째엔 같은 것을 낼 확률이 낮다는 분석도 있다. 이처럼 게임에서 이기기 위해서는 연구하고 분석해 얻은 전략을 활용할 줄도 알아야 한다. 달러 투자 역시 '룰'을 아는 것만으로는 '돈'을 만들어 내기가 쉽지 않다. 투자의 메커니즘을 이해하고 이를 활용하는 방법도 함께 알아두어야 한다.

서문에서 잠시 이야기했지만, 나는 도박 그중에서도 블랙잭 게임을 하면서 투자의 메커니즘을 깨달았다. 보통 투자를 도박에 비유하는 사람이 있는데, 제대로 도박을 해 보니 투자와 도박은 많이 달랐다. 도박을 했다고 하면 대부분의 사람이 큰돈을 잃고 패가망신하는 상황을 떠올린다. 하지만 놀랍게도 나는 도박을 통해 돈을 땄다. 처음부터 그랬던 건 아니다. 카지노에 10번을 가면 10번 모두 돈을 잃고 돌아오는 호구 중의 호구가 나였다. 더는 돈을 잃고 싶지 않았다. 그래서 도박의 메커니즘을 알아내고자 베팅 시스템과 게임 전략을 치밀하게 파헤치고 연구했다. 그리고 마침내 나만의 이기는 전략을 구축할 수 있었다. 이로써 나는 도박도 투자하듯 진행해 돈으로 돈을 버는 것이 가능하다는 걸 알게 되었다.

투자를 시작하게 된 것도 이러한 경험과 깨달음 때문이었다. 운이 그 결과에 결정적 영향을 미친다고 생각했던 카지노 도박도 공부와 연구를 통해 실력을 향상시킬 수 있다는 것을 경험하고 나니, 투자 역시 연구하고 분석하면 더 좋은 결과를 이끌어 낼 수 있겠다는 확신이 생긴 것이다.

나는 마치 중요한 시험을 앞둔 고시생처럼 도서관에 틀어박혀 투자를 공부하기 시작했다. 투자와 관련된 책이라면 특정 분야에 한정하지 않고 거침없이 읽어나갔다. 시간이 흐르면서 나만의 투자 철학이 생겼고, 이를 실행에 옮기면서 실력도 향상했다. 그리고 마침내 도박과 투자의 가장 큰 차이점을 찾았다. '손실의 확정 권한'이 어디에 있느냐로 둘을 구분할 수 있었다. 도박의 경우, 홀에 돈을 걸었는데 짝이 나오면 그대로 손실이 확정된다. 손실의 확정 권한이 내게 있지 않은 것이다. 하지만 투자는 어떤가? 손실의 확정 권한이 내게 있다. 원/달러 환율이 상승하는 쪽에 투자했는데 반대로 하락했다고 해도, 즉 평가 손실 상황이 발생했다고 해도 매수한 달러를 팔지만 않는다면 손실이 확정되지 않는다. 도박은 어떤가? 손실이 확정된 이후에는 아무리 오래 기다리더라도 그 결과가 바뀌지 않는다. 반면 투자는 상승에 투자했지만 하락하는 바람에 평가 손실 상황에 처했다고 해도, 손실을 확정하지 않고 기다리다 보면 다시 상승이라는 이벤트가 발생했을 때 평가 손실을 만회할 수 있다. 물론 하나의 전제가 있긴 하다. 워런 버핏이 이야기했듯, '무엇이든 그것의 가치보다 싸게 샀을 때' 가능하다. 그렇다고 해도 이는 도박과는 다른 투자의 고유한 특성이다.

나는 이 개념을 달러 투자에 그대로 적용했다. 원/달러 환율은 어떤 물건이나 상품의 가격이 아니다. 우리나라 돈인 원화와 미국 돈인 달러의 교환 비율이다. 또한 한 나라의 화폐는 그 가치가 완전히 사라질 가능성이 매우 낮다. 혹여 원화의 가치가 제로가 된다면, 원화만 보유하고 있는 사람보다는 달러도 함께 보유하고 있는 사람의 형편이 훨씬 낫지 않을까? 이 이야기는 반대로, 혹여 달러의 가치가 제로가 된다면, 달러만 보유하고 있는 사람보다는 원화도 함께 보유하고 있는 사람의 형편이 훨씬 나을 거란 말이기도 하다. 단, 세계의 기축통화로 자리잡은 미국의 달러가 휴지 조각이 되는 상황이 발생한다면 그보다 한참 전에 우리나라 원화의 가치가 사라질 가능성이 더 크므로, 현실성이 부족한 가정이다.

이러한 환율의 특성상 원/달러 환율은 계속해서 하락만 할 수 없고, 또 계속해서 상승할 수도 없다. 한마디로 오르락내리락하게 마련이다. 앞서 이야기했듯 역사적으로 볼 때 원/달러 환율의 최저가는 약 700원이었고, 1997년 IMF 당시 최고가 1,700원을 기록했다. 그 이후 최저가와 최고가의 중간 그러니까 1,200원을 중심으로 상승과 하락을 반복하고 있는 상황이다. 이러한 역사적 데이터를 바탕으로 나는 원/달러 환율이 1,200원보다 낮을 때 달러를 사면 상승할 가능성이 크고 그보다 높을 때 달러를 사면 하락할 가능성이 크다고 봤다. 그렇다면 환율이 1,200원보다 낮을 때 산 달러는 시간이 걸리긴 해도 언젠가는 수익을 낼 것이 분명했다. 이처럼 간단하고 단순한 투자 아이디어 하나로 달러 투자를 시작한 이래, 나는 단 한 번도 평가 손실을 확정 손실로 만들지 않고 계속해서 수익을 창출했다.

2018년 1월 1일에 달러를 사서 2018년 12월 31일에 팔았다면, 5.7%의 수익을 낼 수 있다. 만약 1억 원을 투자했다면 수익이 570만 원 정도란 말이다. 하지만 나는 평가 손실을 확정하지 않고 체계화된 시스템 투자를 통해 시장 수익률의 17배의 수익을 달성할 수 있었다. 지금까지도 나의 투자 시스템은 변함없이 가동되고 있으며, 투자 성공률 100%라는 이 기록도 깨지지 않은 상태다. 물론, 현시점 평가 손실을 기록 중인 달러도 보유하고 있다. 하지만 나는 이 달러의 평가 손실을 확정 손실로 바꿀 생각이 전혀 없다. 이것이 가능하려면 단 하나만 지키면 된다. 달러를 가치보다 비싸게 사지 않는 것. 그리고 그 방법은 이미 이야기했던 달러 투자 데이터를 참고하면 된다. 즉 달러 투자 데이터가 투자를 시작해도 좋다고 알려주는 상황일 때 달러를 사라. 그때가 언제인가?

다시 한번 정리하자면, 첫째, 현재의 원/달러 환율이 52주 평균 환율보다 낮을 때, 둘째, 현재의 달러 지수가 52주 평균 달러 지수보다 낮을 때, 셋째, 현재의 달러 갭 비율이 52주 평균 달러 비율보다 높을 때, 마지막 넷째, 현재의 원/달러 환율이 현재의 달러 지수를 52주 달러 갭 비율에 대입해서 산출해낸 적정 환율보다 낮을 때다.

물론 이는 지극히 개인적인 경험에 의한 판단이다. 하지만 나는 이 조건이 충족될 때 달러 투자를 시작하면 돈을 잃을 가능성이 거의 없다고 생각한다. 다만 투자는 머리로 하는 것이 아니라는 게 문제다. 머리로는 평가 손실을 확정시키지만 않으면 언젠가 확정 수익을 만들 수 있는 기회가 오리라는 걸 알고 있지만, 그 기간이 길어지거나 평가 손실폭이 커지면 인간의 나약한 마음으로 이를 버텨내기가 힘들다. 인내심이 바닥을 드러내고 멘탈이 흔들리면, 마침내 평가 손실을 확정 손실로 만들고선 투자를 실패로 마무리 짓게 될 가능성이 매우 크다.

책을 읽고 강연을 듣고 공부를 하면, 투자 지식이 늘어난다. 이 책을 읽기 전에 당신은 달러에 투자하기 위해 데이터를 이용하는 방법이나 거래 비용을 아끼는 비결은 몰랐을 것이다. 당연하다. 그런데 이를 안다고 해도 투자를 성공으로 이끌기에는 한계가 있다. 바로 성공적인 투자를 이끄는 아주 중요한 축 중 하나인 인내심과 강한 멘탈은 그대로일 테니 말이다. 나 또한 마찬가지였다. 머리로는 알았지만 마음이 따라주지 않았다.

그래서 나는 '사람은 고쳐 쓰는 게 아니다'란 말을 나 자신에게 적용하기로 했다. 지식은 늘려가되, 멘탈을 강하게 만드는 것은 깨끗이 포기했다. 다만 그 보완책으로 일종의 시스템을 구축하기로 마음먹었다. 어떤 원칙을 만들고 이를 지키는 것은 매우 힘든 일이다. 늦잠으로 매일 지각하던 사람이 '앞으로는 7시에 일어난다'와 같은 원칙을 세웠다고 해도, 이를 지키기는 쉽지 않다. 하지만 시스템 구축, 즉 시계의 알람을 맞추는 것 같은 간단한 행동 하나만으로도 원칙을 지키는 것이 한결 쉬워진다. 이러한 이유로 나는 어떤 원칙을 세우고 나의 의지로 그 원칙을 따르기보다는, 어떤 시스템을 구축하고 그 시스템이 나를 통제하게끔 만들기로 했다. 그리고 수많은 시행착오 끝에 '세븐 스플릿'이라는, 투자를 효율적으로 할 수 있는 투자 시스템을 구축하기에 이르렀다.

복리의 마법

이론물리학자 알베르트 아인슈타인Albert Einstein은 말했다. "복리는 세계 8대 불가사의 중 하나로, 우주에서 가장 강력한 힘이다." 이처럼 천재 물리학자에게도 신비로운 것이었을 만큼 복리는 대단한 힘을 가졌다.

카지노 도박의 베팅 시스템 중에 '파롤리 시스템Paroli System'이라는 것이 있다. 이는 1을 베팅해 이겼을 경우 2를, 2를 베팅해 이기면 4를 베팅하는 식으로 베팅액과 배당금 전부를 거는 시스템이다. 만약 초기 자금 10만 원으로 파롤리 시스템에 따라 베팅해 연속 20번을 승리하게 되면, 총 수익이 1,000억 원이 넘게 된다. 단 20번의 승리로 10만 원이 1,000억 원이 되는 기적이 벌어지는 것이다. 카지노에서 연속으로 20번을 승리하는 것이 과연 가능한가? 누군가가 내게 묻는다면 나는 자신 있게 "그렇다"라고 대답할 수 있다. 카지노에서 플레이어가 20번 이상 연속으로 패하거나 20번 이상 연속으로 승리하는 경우를 심심치 않게 목격했으니까.

'카지노의 꽃'으로 불리는 바카라에는 '줄을 탄다'라는 개념이 있다. 바카라는 홀짝 게임과 흡사한데 뱅커와 플레이어 둘 중 하나를 선택해 승패를 가린다. 이때 뱅커에 돈을 걸어 승리한 경우 그다음 판에도 뱅커에 걸고, 같은 식으로 승리할 때마다 계속해서 뱅커에 베팅하며 게임을 진행하는 것이 바로 줄을 타는 것이다. 동전 던지기 게임에서 계속 앞면에만 베팅하는 방식과도 같다. 50%의 확률 게임에서 연속으로 20번 넘게 동전의 앞면이 나오는 일은 흔치 않지만, 1만 번 정도 동전을 던진다면 충분히 일어날 수 있는 일이다.

바카라에서 줄을 타며 20번 연속으로 승리하면 매번 같은 금액을 베팅했을 경우 수익률이 2,000%가 된다. 이 어마어마한 수익률이 멀쩡한 사람을 도박 중독에 이르게 만든다. 하지만 이 20번의 승리를 앞서 설명한 파롤리 시스템 베팅 방식으로 진행하면 어떻게 되겠는가? 수익률이 1억 %가 넘는다. '수익률'이라는 단어와 '1억 %'라는 단어가 함께 등장하는 게 어색할 정도로 이는 비현실적인 조합이다. 초기 투자 금액 10만 원이 단 몇 분 만에 1,000억 원이 될 수 있다는 말이다. 이 때문에 카지노에는 플레이어가 이런 방식으로 큰돈을 가져가는 불상사를 막기 위해, 베팅 금액에 한도를 정해 놓았다.

나는 실제 도박에서 파롤리 시스템 베팅을 주력 무기로 사용했다. 소액으로 수익을 만들어 낸 것은 바로 이러한 베팅 방식 덕분이었다. 1,000원을 잃으면 다시 1,000원을 베팅한다. 또 잃어도 여전히 1,000원을 베팅한다. 10번을 연속해서 패한다고 해도 내가 입은 손실은 1만 원에 불과하다. 10번을 연속해서 이긴 딜러 역시 10연승이라는 기록에도 불구하고 수익은 1만 원에 그친다. 하지만 파롤리 시스템 베팅으로 10연승을 한다면 어떨까? 딜러와 전혀 다른 결과를 얻게 된다. 최종 수익금의 수익률이 자그마치 5만 %이기 때문이다.

나는 달러 투자를 하면서 금융과 투자의 영역에도 파롤리 시스템 베팅과 유사한 개념이 있다는 것을 알게 되었다. 그것이 바로 복리의 개념이다. 주식 투자의 복리는 파롤리 시스템 베팅에 비해 수익률이 높지 않았지만, 훨씬 안전하고 투자 금액도 큰 편이어서 효과는 파롤리 시스템 베팅에 비견될 만큼 훌륭했다. 주식 투자에서 자본금 1,000만 원은 그리 크지 않은 금액이다. 1,000만 원으로 하루 5%의 수익을 1년 동안 꾸준히

올린다고 가정해 보자(하한가에 사서 상한가에 팔면 하루 사이에도 85%의 수익률을 달성할 수 있는 주식 시장이기에 하루 5%의 수익률이 크지 않다고 생각할 수 있지만, 실제로는 거의 불가능한 수치다). 단순히 생각해 하루 수익률 5%에 240일(1년 중 개장 일수)을 곱하면, 수익률이 총 1,200%이므로 1,000만 원으로 1억 2,000만 원을 번다고 생각할 수 있다. 그런데 1,000만 원의 5%는 50만 원이지만, 기존 투자금에 50만 원을 더한 1,050만 원의 5%는 52만 5,000원이다. 이런 식으로 수익과 투자 원금을 합쳐서 계속해서 복리로 투자하면 1년 후 초기 투자 금액 1,000만 원은 약 1조 5,900억 원이 된다.

하루 5%의 수익률은 불가능하지만, 주 5% 정도의 수익률은 가능할 것도 같다고? 주 5%의 수익률을 복리로 계산하면 1,000만 원은 1년 후 1억 원 가까이 불어난다. 이것이 워런 버핏이 연평균 20%의 수익률로 세계 최고의 부자가 된 비결이다. 같은 이유로 그는 더 어렸을 때 주식 투자를 시작해야 했다고 후회했다(그는 11세에 투자를 시작했다). 나는 이 파롤리 시스템 베팅, 즉 복리의 개념을 달러 투자에 활용해 보기로 했다.

2018년에 나는 달러 투자로 시장 수익률 5.7%의 17배가 넘는 수익을 달성한 바 있다. 시장 수익률 5.7%란 10억 원을 투자할 경우 5,700만 원을 버는 것이기에 꽤 괜찮은 수익이라 할 수 있다. 하지만 보통의 사람들은 애초에 10억 원이라는 큰 금액을 가지고 있을 리 만무하고 혹 있다 하더라도 앞으로 어떻게 될지도 모르는 달러에 그 큰돈을 모두 투자할 가능성도 작다. 그러니 이 가정은 현실적이지 않다.

그런데 이 기간 합산한 나의 달러 투자 수익률은 100%가 넘었다. 같은 기간 시장 수익률과 비교하면 17배가 넘는다. 이는 평균 0.3~0.7%의 수익이 모이고 모여 복리의 효과가 더해진 결과였다. 평균 0.5% 정도밖에 안 되는 수익의 합으로 100% 이상의 수익을 만들어 낸다고? 이것이 가능한가? 생각해 보라. 하루 평균 0.5%의 수익을 한 달 기준 20일 동안 일으킬 경우 수익률은 10%가 되고, 이를 10개월 동안 지속하면 수익률이 100%다. 여기에 복리 개념을 추가한다면 이 정도의 수익률을 거두는 기간은 3개월 정도로 크게 줄어든다.

2018년 한 해 동안 달러 가격은 계속해서 등락을 거듭하며 최저 1,050원 선까지 하락했다가 최고 1,140원 선까지 오르기도 했다. 1월부터 6월까지 비교적 낮은 가격대에서 등락을 거듭하던 원/달러 환율은 7월에 비교적 크게 상승했고 다음 해 1월까지 비슷한 가격대에서 역시 등락을 거듭했다. 만약 7월 초에 달러를 매수해 거래 없이 다음 해 1월까지 6개월 동안 가지고 있었다면 수익률은 0%였을 것이다. 6개월 전과 후의 달러 가격이 비슷했기 때문이다.

달러 가격은 일정한 가격대에서 오르고 내리기를 반복했

나는 주식 대신 달러를 산다

기에 매수 후 기다리면 매도 기회가 찾아왔고, 매도 후 또 기다리면 매수 기회가 찾아왔다. 낮은 수익률의 이익을 잦은 거래를 통해 큰 수익으로 만들 수 있었던 건 달러가 '돈'이라는 고유한 특성을 갖고 있어서다.

달러를 전량 매도하고 가격이 다시 낮아질 때까지 기다리는 것은 그리 어렵지 않았다. 마음이 조급해질 때는 한국인으로서 원화를 전량 매수한 상황이라고 생각했고, 달러를 매수할 때는 미국인이 되어 사 놓았던 원화를 매도한다고 생각했다. 달러 투자와 주식 투자를 병행하다 보니, 달러가 많을 때는 미국 주식의 현금 비중이 올라가고 원화가 많을 때는 한국 주식의 현금 비중이 올라가는, 그러니까 항상 현금 비중이 높은 상황이 연출되었다. 워런 버핏은 "좋은 공이라고 생각할 때만 방망이를 휘둘러야 한다"고 말했으나, 나는 방망이를 휘두르지 않고도 볼넷으로 느긋하게 걸어서 출루할 수 있었다.

환율의 일중 변동폭은 작지만 일간 변동폭은 상대적으로 크다. 달러는 비트코인 같은 가상화폐처럼 전 세계적으로 24시간 거래가 이루어지므로 가격이 주가의 4배에 이르는 시간 동안 움직인다. 자고 일어나면 가격에 큰 변화가 생기는 이유다.

나는 미국과 달러에 대한 확고한 믿음으로 달러를 대량 매수했는데, 혹여 원화 가치 상승으로 손실이 심해서 회복 불가 상태가 온다면 그냥 미국으로 이민 가면 되지 않을까 하는 심

정으로 공격적으로 투자했다. 달러 투자에 실패한다 해도 그것
이 그렇게 절망적인 상황은 아닐 것이라는 생각도 했다. 사실
대부분의 미국인은 거의 모든 현금 자산을 달러로 가지고 있으
면서 원화에는 관심조차 없을 것이다. 터키의 리라 가치가 폭
락했을 때, 우리나라 사람들이 터키로 여행 갈 생각이나 했지,
경제적 손실을 걱정하지 않았던 것처럼 말이다.

나는 성공적인 달러 투자 경험으로 도박에서는 이룰 수 없
었던 수익 규모 증대의 꿈을 이뤘다. 안전하고 변동성 낮은 투
자 대상으로 얻을 수 있는 작은 수익도 계속해서 더해나갈 수
만 있다면, 분명히 큰 수익이 된다는 것을 깨달았다. 그리고 이
개념을 주식 투자에 활용해 보기로 했다.

복리의 마법 '72법칙'

'복리의 마법'이라는 말을 한 번쯤 들어보았을 것이다. 원금에 이자가
붙고, 거기에 또 이자가 붙으니 투자금이 불어나는 시간은 생각보다 빠
르다. 이런 공식이 있다. '72÷연 수익률=2배가 되는 데 걸리는 시간.'
만약 연 6% 수익을 내는 투자자라면 투자금이 2배로 늘어나는 데 걸리
는 시간은 12년(72÷6)이다. 12년이 지나면 수익이 2배가 된다는 말이
다. 수익률이 올라갈수록 복리의 마법으로 돈이 불어나는 속도가 빨라
진다. 복리의 마법에서 중요한 것은, 수익률과 투자 기간이다.

　　　　　　　　　　　　　　　　나는 주식 대신 달러를 산다

03

세븐 스플릿 투자

세븐 스플릿 투자 시스템을 한마디로 표현하면, '분할 매수 분할 매도 투자 시스템'이라고 할 수 있다. 대개의 경우 투자자들이 분할 매수는 곧잘 하는데, 매도는 거의 한 방에 하는 경우가 많다. 하지만 매수할 때 나누어 사듯, 매도할 때도 나누어 팔면 신기한 일이 벌어진다. 세븐 스플릿 투자 시스템이 무엇인지 이해를 돕고자, 아파트 투자를 '분할 매수 일괄 매도' 방식으로 할 때와 '분할 매수 분할 매도, 즉 세븐 스플릿 투자 시스템으로 할 때를 사례로 설명하겠다.

먼저 분할 매수 일괄 매도 방식으로 아파트에 투자한다면 다음과 같다.

10억 원에 아파트를 산다.
그런데 아파트 가격이 5억 원으로 반 토막이 난다.
그래서 5억 원에 같은 아파트를 1채 더 산다.

이런 경우 사람들은 보통 평균 단가를 산출한다. 똑같은 아파트를 10억 원에 사고, 5억 원에 또 1채를 더 샀으니 이를 합하면 아파트 1채당 7억 5,000만 원에 산 것이나 다름없다. 평가 손실은 총 5억 원인 셈이다. 그런데 이후 아파트 가격이 7억 원으로 오른다면 이 투자자는 어떤 생각을 하게 될까? 아파트 가격이 5,000만 원이 더 올라 7억 5,000만 원이 되어야 평가 손실을 만회하고 수익을 낼 수 있으리라 기대할 것이다. 하지만 이후 아파트 가격은 다시 5억 원으로 하락한다. 또다시 5억 원의 평가 손실 상황이 발생하게 되고 지루한 인내의 과정은 계속된다. 이것이 바로 분할 매수는 했지만 분할 매도는 하지 못하게 되는 투자 상황이다.

하지만 세븐 스플릿 투자 시스템으로 투자할 경우 조금 다른 결과를 얻게 된다. 일단 분할 매수의 과정은 똑같다. 10억 원에 아파트를 산다. 그런데 아파트 가격이 하락해 5억 원이 되어 같은 아파트를 1채 더 산다. 그런데 세븐 스플릿 투자 시스템에서는 평균 단가를 산출하지 않는다. 이때 이른바 '투자 자아'를 분열시켜, 10억 원에 아파트를 산 투자 자아를 '넘버1'이라 칭하고, 5억 원에 아파트를 산 투자 자아를 '넘버2'라 칭한다. 앞과 마찬가지로, 상황이 좋아져 다시 아파트 가격이 7억 원으로 상승하면, 10억 원에 아파트를 산 넘버1은 여전히 3억 원의 평가 손실 상황이지만, 5억 원에 아파트를 산 넘버2는 2억 원의 평가 수익 상황이다. 아파트를 매도해 평가 수익을 확정한다면 2억 원의 수익이 생긴다. 그리고 이후 아파트 가격이 다시 하락해 5억 원이 된다면, 넘버2는 5억 원에 다시 아파트를 사게 될 것이다.

앞서 분할 매수 일괄 매도 방식으로 투자했을 경우 현재의 평가 손실이 5억 원인 것과 달리, 분할 매수 분할 매도 방식, 즉 세븐 스플릿 투자 시스템으로 투자했을 경우 넘버1의 평가 손실 5억 원과 넘버2의 확정 수익 2억 원을 합산하면 총 평가 손실은 3억 원이 된다. 똑같은 아파트를 똑같이 분할 매수했음에도 투자의 결과가 많이 달라진다는 걸 알 수 있다.

나는 이와 같은 투자 시스템을 달러 투자에 그대로 적용했다. 달러 투자 데이터를 통해 투자를 시작해도 좋은 상황이 원/달러 환율이 1,200원일 때라고 가정하면, 넘버1이 1,200원에 달러를 산 후, 원/달러 환율이 10원씩 하락할 때마다 추가 매수를 하는 식이었다. 그렇게 되면 넘버2는 1,190원에, 넘버3은 1,180원에, 넘버4는 1,170원에… 이렇게 계속해서 추가 매수가 이루어진다. 이때 평균 단가 따위엔 신경 쓸 필요가 없다. 그렇게 이어지다가 원/달러 환율이 1,180원으로 상승하게 되면, 넘버4는 달러당 10원의 수익을 확정시킬 수 있다. 이후 환율이 추가로 상승한다면 넘버3도 확정 수익을 만들 수 있는데, 다시 1,170원으로 하락한다 해도 나쁘지 않다. 이미 달러당 10원의 수익을 거둔 넘버4가 다시 한번 1,170원에 달러를 사면 되기 때문이다. 그런데 이때 복리의 효과가 일어난다. 달러당 10원의 수익을 재투자할 수 있기 때문이다.

세븐 스플릿 투자 시스템은 평가 손실은 무시하고 평가 수익은 바로 확정시킨 후 수익금은 재투자함으로써, 복리 효과로 수익의 극대화를 만들어 가는 투자 방식이다. 이처럼 간단하고 쉬운 시스템이 내가 시장 수익률의 17배를 달성할 수 있었던 비결 중 하나다.

단, 세븐 스플릿 투자 시스템을 달러 투자에 적용할 때 가장 큰 약점이 하나 있었는데, 바로 이 시스템이 원/달러 환율이 낮을 때만 작동한다는 사실이었다. 다시 말해, 달러 투자 데이터에서 매수를 시작해도 좋은 상황에 해당되지 않는 환율이 높을 때는 공격적인 투자가 제한되는 것이다. 사실 이러한 약점 덕분에 세븐 스플릿 투자 시스템을 주식 투자에 그대로 적용해 보기로 한 것이었다. 주식 투자를 할 때도 투자한 종목의 주가가 너무 크게 상승하면 투자의 기회가 사라져 버린다. 달러와 다른 점이라면 투자할 수 있는 종목들이 수없이 많다는 것이다. 주식 시장이 아무리 호황이라고 해도 저평가된 종목은 반드시 있게 마련이므로, 세븐 스플릿을 주식 투자에 활용하는 것은 매우 효과적이다. 물론 주식 투자는 달러 투자에는 없는 좋은 종목을 선택해야 한다는 커다란 숙제가 있다. 달러처럼 절대적 가치를 지닌 종목이 없기 때문이다. 하지만 주식 투자는 분산 투자라는 방식을 통해 이러한 문제점을 최소화할 수 있다. 달러 투자를 통해 세븐 스플릿 투자 시스템에 대한 경험이 어느 정도 쌓이면 주식 투자에도 이를 그대로 활용할 수 있다는 말이다.

하지만 그렇다고 해서 반드시 내가 개발한 이 세븐 스플릿 시스템으로 투자해야 한다는 말은 아니다. 현명한 투자자라면 자신의 성향과 투자 철학에 맞는, 무엇보다 나 자신을 통제할 수 있는 적당한 투자 시스템을 스스로 구축하려는 노력을 해야 한다. 아마 이 책을 읽고 있는 독자들은 이와 같은 달러 투자법을 그 어디에서도 들어보지 못했을 것이고, 앞으로도 그럴 가능성이 매우 크다. 이것이 의미하는 바가 무엇이겠는가? 크게 2가지다.

첫째, 달러 투자는 그만큼 새롭고 관련 정보가 부족한 분야다

둘째, 그렇기에 더 많은 기회를 포착할 수 있다

달러 투자는 변동성이 작은 투자 대상에 잦은 거래를 반복해야 하므로 비교적 많은 투자금이 필요하고 다소 귀찮은 일이기도 하다. 하지만 돈을 버는 일이 원래 다 그렇게 귀찮은 것이다. 투자를 마냥 불로소득으로 볼 수 없는 것도 이 때문이다. 하지만 새벽에 일어나 만원 지옥철을 타고 회사에 출근해 상사와 부하, 동료들에게 시달리고 또 업무로 인해 스트레스를 받다가 밤늦게 집으로 돌아오는 일은 어떤가? 그에 비하면 덜 귀찮고 덜 수고스럽지 않은가.

그리고 아주 당연하게도, 큰 수익을 얻으려면 큰 금액을 투자해야 한다. 달러는 그 등락이 크지 않고, 안전자산으로 분류될 만큼 투자 안정성이 큰 편이다. 상장 폐지 걱정이 없는, 그래서 망하지 않는 리스크가 매우 낮은 투자다. 이러한 상품에 투자할 때는 사실상 높은 수익률을 기대하기 힘들다. 생각해 보라. 적은 돈으로 큰 수익을 얻으려면 카지노에 가야 한다. 하지만 수익률이 낮은 자산에 투자하면서 큰 수익을 노릴 수 있는 방법이 있다. 아래 2가지 중 최소한 하나의 요건을 충족시키면 된다.

1. 투자 규모를 점진적으로 늘린다.

2. 투자의 횟수(수익 실현)를 늘린다.

    세븐 스플릿은 분할 매수와 분할 매도를 통해 이 1번과 2번 사항을 충족시켜나가는 방식으로 설계됐다. 그래서 세븐 스플릿과 달러 투자는 궁합이 아주 잘 맞는 편이다.

    세븐 스플릿 방식으로 달러에 투자하다 보면 자금이 떨어지는 경우가 생긴다. 10번 넘게 추가 매수를 했는데도 수익 실현의 기회가 오지 않고 계속 더 매수해야 하는 상황 말이다. 이때는 주식을 매도한 자금이나 월급 등의 다른 소득을 활용하자. 한마디로 돈을 더 벌어서 투자하라는 이야기다. 그렇게 하다 보면 달러는 아주 저평가된 상태가 될 것이고, 돈으로 돈을 사는 일은 그리 위험한 일이 아니라는 것을 알게 될 것이다.

달러 투자와 경제적 자유

달러 투자만으로 경제적 자유를 달성할 수 있을까? 내가 달러 투자로 많은 수익을 올리던 시기, 그러니까 2018년은 환율이 1,000~1,150원 사이에서 움직이며 박스권을 형성하던 때였다. 당연히 세븐 스플릿 개념의 분할 매수를 하기는 했지만 하루에 투자금 전부를 투입한 적이 많았을 정도로 공격적인 투자가 가능했던, 그래서 다시 돌아가고 싶은 황금기였다. 구체적으로 말하자면 하루 동안, 1,050원에 1만 달러, 1,047원에 1만 달러, 1,044원에 1만 달러, 이런 식으로 총 10만 달러를 매수했다가 몇 시간 후 환율이 다시 1,050원까지 올라서 모두를 수익 실현하기도 했다. 1만 달러당 적게는 3만 원, 많게는 5만 원 정도의 수익을 거뒀는데, 총 수익이 약 40만 원이었다. 어떨 때는 이런 등락이 하루에도 2~3번 정도 반복되었고, 운 좋게 갑자기 폭등하는 경우도 있어서 이때는 수익도 함께 커졌다(물론 책에서 모두 밝히기는 곤란한, 나만의 비밀 노하우가 더 있긴 하다).

나는 월 300만 원 정도의 현금흐름을 만들어 낼 수 있으면 '경제적 자유'를 달성할 수 있다고 생각한다. 그런데 당시엔 단 하루 만에 그 정도의 수익을 얻을 수 있었기에, 달러 투자만으로도 경제적 자유를 달성할 수 있다고 말할 수 있다. 하루에 약 10만 달러로 2번 정도 거래하면 2억 원 이상을 거래한 셈인데, 이처럼 사고팔고를 되풀이하다 보니 한 계좌에서만 1년 동안 70억 원에 달하는 달러를 환전하는 데이터가 만들어졌다. 또한 투자로 벌어들인 수익은 곧바로 재투자했기에 투자 원금의 증가와 함께 복리의 효과도 얻었다. 이 모든 것이 가능했던 것은 환율 자체가 낮아서 리스크가 매우 작다고 판단했기 때문이다.

하지만 앞서 말했듯 이 같은 투자 방식에는 환율이 오르면 투자가 불가능하다는 큰 약점이 있다. 그래서 주식 투자를 하게 되었다. 원/달러 환율이 낮을 때는 달러가 더없이 안정적이고 좋은 투자 대상이었지만, 환율이 올라 달러가 비싸지면 공격적인 투자가 어렵다. 한마디로, '저환율'이라는 시장 조건이 충족되지 않으면 달러 투자만으로는 경제적 자유를 달성할 수 있을 만큼의 수익을 기대하기 힘들다는 말이다.

이러한 이유로 나는 달러 투자에만 머무르지 않고, 주식과 미국 ETF, 채권 같은 다양한 투자 포트폴리오를 통해 더욱더 안정적으로 경제적 자유를 이룰 계기를 만들 수 있었다. 원/달러 환율은 계속 상승만 할 수 없고, 시간이 흐르면서 달러에 투자하기 좋은 상황도 생긴다. 따라서 미리 공부하고 경험해 볼 필요가 있다.

단순 무식한 투자 시나리오

환율이 1,000원일 때 1,000달러를 산다. 환율이 1,010원이 되면 1,000달러를 판다. 이렇게 하면 수익은 약 1만 원이 된다. 그리고 얼마 후, 다시 환율이 1,000원일 때 1,000달러를 사고 또다시 1,010원이 될 때 1,000달러를 팔면 이제 수익은 2만 원이 된다. 한 달 동안 이런 식으로 총 5번 정도 거래하면 수익은 총 5만 원이 된다. 아주 당연한 이야기이지만, 만약 투자금이 1,000달러가 아니라 1만 달러라면 수익은 5만 원이 아닌 50만 원이 될 것이고, 투자금이 10만 달러라면 수익은 500만 원이 될 것이다.

이것이 바로 내가 처음 달러 투자를 시작할 때 생각한 단순 무식한 투자 시나리오다. 환율은 변동성이 크지 않으므로 거래의 횟수를 늘려야 했고, 투자금의 규모를 늘리기 위해서 수익을 재투자하는 복리의 개념을 도입했다. 그리고 점점 규모가 커져가는 투자금을 안정적으로 운용하기 위해 세븐 스플릿의 개념을 적용하고, 달러 갭 비율 같은 투자 지표를 고안해 냈다. 이 과정에서 여러 투자 노하우들이 쌓였다. 내가 말하고자 하는 것은, 이 모든 것의 시작은 고작 몇 만 원 정도의 작은 수익, 즉 작은 성공 투자의 경험이라는 사실이다. 적어도 내가 경험해 본 투자의 세계에서는 한 번의 큰 성공이 분명 달콤하긴 해도 독이 되기에 충분했고, 이를 지속시키는 것은 불가능에 가까웠다. 작은 수익은 이를 모아도 여전히 작은 돈에 불과하지만, 작은 성공 투자의 경험은 모여서 큰돈을 만드는 훌륭한 무기가 될 수 있었다. 작은 물방울이 마침내 바위를 뚫듯이 끊임없이 노력하고 경험하다 보면 내가 지금은 비밀에 부치고 있는 노하우들까지 자연스럽게 깨우치게 될 것이다.

티끌 모아 티끌

작은 돈은 열심히 모아봤자 여전히 작은 돈일 뿐이다. 자본가가 되려면 일단 자본이 있어야 한다. 티끌을 모아 자본을 만들어 내겠다는 생각은 어리석은 욕심이다. 나는 요즘 낮잠으로 하루의 절반을 보내고 있다. 하지만 이 같은 나날은 지난 시절 치열한 노력과 고생의 보상이다. 사회초년생 시절, 퇴근 시간은 분명 오후 6시였지만 내겐 저녁식사 시간일 뿐이었다. 밤 10시에 회사를 나설 때도 조기 퇴근처럼 느껴졌다. 새벽 5시에 퇴근해서 대충 씻고 다시 출근하는 경험이 쌓인 끝에 이제는 낮잠도 자는 행운을 얻었다. 인생이든 스타크래프든 '초반 러시'가 중요하다는 말이다. 미네랄을 캐는 고생과 입구를 막는 수고도 없이 배틀 크루저를 뽑아낼 수는 없다. 티끌로 태산을 만든다는 건 적어도 한 판에 3,600% 수익률을 내는 카지노 도박으로나 가능한 일이다. 난 달러 투자로 약 0.3%의 수익률을 거두고도 만족할 수 있었는데, 이는 투자 원금이 300억 원에 가까웠기 때문이다. 눈덩이를 굴리면 비교적 쉽게 더 큰 눈덩이가 되지만, 티끌을 모으면 그냥 티끌일 뿐이다. 연 3%의 수익률로 10만 원의 자본 소득을 만들려면 300만 원의 자본과 1년의 기다림이 필요하다. 하지만 하루 이틀의 노동이면 10만 원을 바로 만들어 낼 수도 있다. 물론, 한 달에 1만 원만 아껴도 비슷한 효과를 얻을 수 있다.

　자본가가 되려면, 일단 유의미한 자본을 만들어야 한다. 이는 재테크와 투자의 기술을 연마하는 것이 아닌, 열심히 일하고 절약하는 것으로 가능하다. 돈 공부는 눈덩이를 굴리기 위한 것이지 티끌을 태산으로 만드는 마법을 부리기 위해서 하는 것이 아니다. 하지만 티끌이 눈덩이가 되기 전까지는 작은 투자의 성공을 되도록 많이 경험하는 것이 중요하다. 지금 나의 최소 투자 단위는 1만 달러이지만, 내게도 몇천 원 수익에 기뻐하던 시절이 있었다. 그것이 시작이었다. 첫술에 배가 부를 수는 없다. 열심히 일하고, 절약하며, 작은 투자 성공 경험을 쌓아가다 보면 티끌이 눈덩이가 되어 마침내 태산이 되는 기적도 경험할 수 있다. 하지만 이 셋 중 어느 하나라도 충족시키지 않는다면 '행복한 낮잠 시간' 같은 건 결코 오지 않는다.

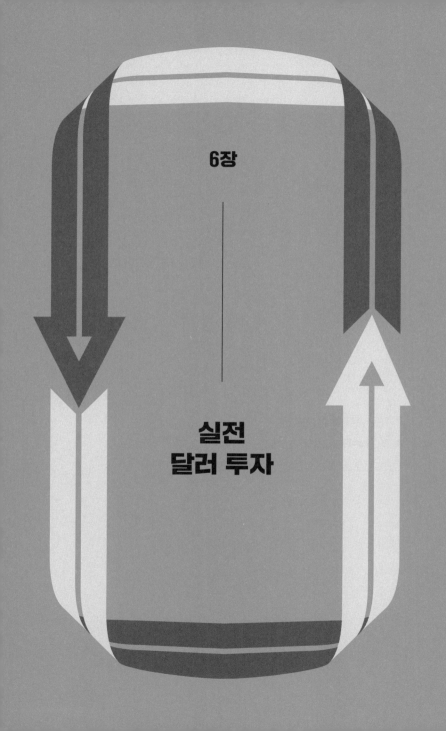

6장

실전
달러 투자

투자는 손익을 실현할 때,

즉 평가 손익을 확정 손익으로 바꿀 때 그 성패가 결정된다.

그리고 그 성패는 오롯이 투자자의 결정에 달려 있다.

달러를 사야 할 때

가치 투자로 억만장자가 된 워런 버핏은 "남들이 탐욕스러울 때는 두려워하고, 남들이 두려워할 때는 탐욕스러워야 한다"고 말했다. 많은 사람이 주식 투자에 실패하는 건 워런 버핏의 말과 정반대로 행동하기 때문이다. 그들은 상품의 가격이 올라 사람들이 열광할 때 탐욕스럽게 사고, 가격이 폭락해 시장이 공포에 휩싸일 때는 있는 것을 팔아치운다.

하지만 오르고 있는 주식이 더 많이 오르는 경우도 많다. 또 '떨어지는 칼날을 잡지 말라'와 같은 주식 격언을 고통스럽게 경험해 본 사람이라면 그 말을 그대로 따르기가 얼마나 어려운지도 알 것이다.

주가는 수급, 곧 인기에 의해 거래량의 증가를 동반하면서 상승폭이 점점 더 커지는 경향이 짙다. 이런 까닭에 이른바 '패닉 바잉' 현상이 일어나고 이로 인해 수익이 나는 경우도 많다. 사람들의 관심이 쏠리는 테마주에 투자금이 몰리는 것이나 상한가 종목만 따라 매수하는 투자법이 존재하는 것도 논리적으로 볼 때 일견 타당하다.

하지만 원/달러 환율의 경우 수급이 가격 결정에 영향을 미치는 것은 사실이지만, 주식 시장처럼 수급 조건 하나만으로 큰 폭의 시장 왜곡이 일어나는 경우는 그리 많지 않다. 원/달러 환율은 달러라는 자산의 '가격'이 아니라 원화와 달러의 '교환 비율'이므로, 원화의 수요뿐 아니라 달러의 수요, 달러의 가치를 결정하는 다른 나라의 통화 수요 등 다양한 요인이 복합적으로 영향을 미치기 때문이다. 이에 더해 주가는 상방이 열려 있지만 원/달러 환율은 상방이 닫혀 있는 구조라는 것도 달러 매수 시 참고해야 할 부분이다.

주식은 기업의 실적과 성과에 따라 10배 그리고 100배 이상의 주가 상승도 기대할 수 있다. 반면 달러는 현실적으로 볼 때 원/달러 환율 1,000원을 기준으로 최고 70%, 그 이상의 가격 상승은 기대하기 어렵다. 훨훨 날아올라서 다시는 사지 못할 가격으로 가 버리는 주식과 달리, 달러 투자에서는 '급하게 매수해야 하는 상황' 같은 건 존재하지 않는다고도 할 수 있다. 너무 비싸졌다면 사지 않고 기다리는 것이 가장 좋은 대응법이라는 말이다.

참고로, 나는 주식 투자를 할 때도 관심 갖고 있던 종목이 단기적으로 너무 많이 상승하는 경우에는 '사면 안 되는 종목'으로 분류해 버린다. 내가 관심을 둔 종목은 가격이 낮았을 때나 투자 대상으로서 메리트가 있었던 것이지, 주가가 오른 후에는 그렇지 않을 가능성 역시 커졌다고 할 수 있기 때문이다. 또한 주식 시장에는 투자할 수 있는 종목이 수없이 많으므로 특정 한 종목에 미련을 갖고 목맬 필요는 없다고 생각한다.

달러는 종목이 단 하나이므로 가격이 너무 올라 버리면 투자 대상으로서의 메리트가 급격히 사라지는 것을 넘어 투자 자체가 불가능해진다는 단점이 있다. 하지만 상방이 닫혀 있는 데다 원화 가치의 상승 이슈나 달러 가치의 하락 이슈로 언제든 가격이 하락할 수 있기에 놓쳐 버린 기회를 아쉬워할 필요가 없다. 따라서 나는 '사서 잃는 것보다, 사지 않아서 후회하는 것이 더 낫다'라는 생각으로 원/달러 환율이 투자하기에 좋은 가격이 아니라면 굳이 투자하지 않았다. 달러 투자를 시작하기에 좋은 상황을 가늠하기 위해 만든 달러 투자 데이터 역시 이러한 맥락에서 만들었다. 주식 투자의 경우 '원하는 가격이 될 때까지' 기다리는 것은 오히려 좋은 기회를 날리는 결과를 가져올 때가 많다. 하지만 달러 투자의 경우 원하는 가격이 될 때까지 매수를 기다리는 것이야말로 합리적이고 좋은 전략이다. 예측하건대, 앞으로도 매우 오랜 기간 원/달러 환율은 700원과 1,700원이라는 거대한 박스권에 갇혀 있을 것이다. 따라서 상장 폐지와 텐배거Ten bagger(10루타란 의미로, 투자자가 10배의 수익률을 낸 주식 종목)가 난무하는 주식 시장과는 조금 다른 전략이 필요하다. '1층 밑에 지하실이 있다'라는 주식 격언은 달러 투자는 물론이요 그 어떤 투자에도 적용할 수 있다. 이것이 너무나 좋은, 마음에 쏙 드는 가격이라 할지라도 분할 매수가 필요한 이유다.

달러를 매수한 후에는 원/달러 환율에 의해 수익이 발생할 수도 있지만 반대로 손실이 발생할 가능성도 크다. 물론 실현하지 않은 손실은 확정된 것이 아니라고 한 것처럼, 매수한 달러를 매도하지 않는다면 평가 손실 상황이 수익 실현 상황으로 바뀔 수도 있다. 하지만 그 가능성은 달러를 '적정 가격에 샀을 때'에만 해당하므로 결과가 항상 원하는 방향으로 흘러가지는 않을 것이다. 불행하게도, '적정 가격'이라는 것은 매우 유동적이고 상대적인 개념이다. 그러니 이를 확실하게 알 수 있는 방법도 없다.

내가 활용하고 있는 달러 지수나 달러 투자 데이터 역시

나는 주식 대신 달러를 산다

적정 가격에 달러를 사기 위한 노력에 지나지 않기에 실제 매수 시엔 항상 신중을 기해야 한다. 또한 그것이 최초의 매수라면 더더욱 그렇다. 세븐 스플릿 투자 시스템에서의 '최초 매수'는 투자의 기준이 되는 가격의 개념이다. 매수 행위는 지금 시점의 가격이 가장 낮은 것이라는 판단과 매수 후에는 가격이 상승할 것이라는 예측이 근거가 되었을 것이다. 하지만 이런 판단과 예측이 빗나갈 때가 너무 많다. 따라서 이 같은 리스크에 대응하는 유일한 방법은 달러를 나누어 사는 것뿐이다.

달러를 추가로 사야 할 때

'원/달러 환율이 1,200원 아래로 떨어지면 추가로 사야겠다.'

만약 이와 같은 투자 계획을 세웠다면 이제 할 수 있는 일은 크게 3가지다.

1. **호가 창을 뚫어져라 지켜본다.**
2. **알람 기능을 설정한다.**
3. **낮잠을 자거나 다른 일을 한다.**

나는 보통 3번을 한다. 1번은 경제적 자유와는 거리가 먼 투자법이다. 돈의 주인이 되려다가 오히려 돈의 노예가 될 수 있기 때문이다. 전문 투자자가 아니라면 절대로 해서는 안 되는 행동이라고 하겠다. 2번은 1번에 비하면 영리한 방법이고 약간의 자유를 보장하지만, 3번에 비해서는 비효율적이다.

우리는 원/달러 환율이 1,200원 아래로 떨어지면 달러를 추가 매수하겠다는 '대응 계획'을 세운 것이지, 환율이 1,200원이 될 것으로 '예측'한 것이 아니다. 만약 낮잠을 자는 사이 원/달러 환율이 1,100원까지 하락했지만 깨고 보니 다시 1,200원 이상이 되어 있다면, 매수하지 않으면 된다. 그럼 조금 더 싸게 살 수 있었던 기회를 놓치게 된 것이 아니냐고 생각할 수 있다. 하지만 현 시점에서, 앞으로 원/달러 환율이 오를지 내릴지 아는 사람은 세상에 아무도 없다. 만약 환율이 폭락해서 1,100원 이하가 된다면 오히려 '낮잠 자기를 잘했군' 하면서 가슴을 쓸어내릴 수도 있지 않을까? 또 1,300원 이상의 가격에 팔기로 계획했지만 다른 일을 하다가 타이밍을 놓쳐 오히려 더 높은 1,400원에 팔게 되는 상황도 일어날 수 있다.

세븐 스플릿 투자 시스템의 기본 메커니즘은 거래의 핵심이 '계획'이 아닌 '대응'이라는 점이다. 환율이 이미 산 가격보다 하락하면 달러를 더 사고, 이미 산 가격보다 오르면 달러를 팔아 수익을 실현하면 된다. '알람'을 켜놓는다는 것은 소극적인 의미에서 예측을 한 것이라고 볼 수 있다. 환율 1,200원에 맞춘 매수 알람은 1,190원에 달러를 살 수 있는 기회를 놓치게 만들 수 있고, 1,210원에 맞춘 매도 알람은 1,220원에 팔 수 있는 기회를 날리게 할 수도 있다.

물론 개인의 투자 성향에 따라 자신에게 맞는 방법을 적용하는 것이 가장 바람직하다. 다만 개인적으로는 호가 창의 노예가 되지 않으면서도 시장의 흐름에 자연스럽게 대응해 나가는 방식을 더 선호한다. 이는 주식 투자를 할 때도 마찬가지다. '주식 투자에 성공하는 가장 좋은 방법은 주식 계좌 비밀번호를 잃어버리는 것'이라는 우스갯소리가 있다. 이는 결코 그냥 웃어넘길 말이 아니다. 계획은 예측으로 하는 것이 아니라 대응을 위한 것이어야 한다. 벌어질 일을 예측하지 말고 어떤 일이 벌어질 때 대응하면 된다.

나는 세븐 스플릿이라는 일종의 투자 시스템을 통해 달러에 투자하고 있다. 주식 투자의 경우, 특별히 좋은 종목(배당 두둑하고 망할 염려가 거의 없는 회사)을 제외하고는 넘버7 이상이 매수를 하게 되는 상황은 그리 흔히 일어나지 않는다. 하나의 종목에 위험을 더하는 것보다 다른 좋은 종목을 사는 것이 더 안전하다고 생각하기 때문이다. 투자의 세계에서는 '확신'이 '예측'만큼이나 위험한 일이다. 하지만 달러 투자는 그 성격이 조금 다르다. 망할 가능성이 제로에 가깝고 하방도 탄탄하다.

나는 주식 대신 달러를 산다

그럴 가능성은 거의 없지만 만약 원/달러 환율이 1,150원이 아니라 10분의 1인 115원이 된다면, 모든 원화 자산을 달러로 바꾸어 미국으로 가면 보통 수준의 자산을 가진 사람이라도 곧바로 경제적 자유를 달성할 수 있을 것이다. 10달러짜리 맥도날드 세트를 1,150원에 사먹을 수 있고, 100만 달러짜리 집을 1억 1,500만 원에 살 수도 있을 테니 말이다. 내가 달러가 똥값이 되면 미국으로 이민하겠다고 농담하는 것도 바로 이러한 생각에서 비롯된 것이다. 이 말은 반대로 너무 비싸게 산 달러는 큰 문제가 될 수 있다는 의미이기도 하다. 미국인이 온종일 일해서 10개를 살 수 있는 햄버거를 우리는 5개밖에 사지 못하는 상황에서 미국으로 이민을 가면 오히려 더 가난해지는 처지가 될 테니 말이다.

이 모든 것을 종합하건대, 달러 투자는 '싸게 살 수 있는 방법을 모색하는 것'이 그 시작이고 끝이다. 가격이 하락할 때마다 추가 매수하는 전략에 최적화된 자산이 바로 달러다. 그래서 나는 원/달러 환율이 얼마까지 내려가든 계속해서 달러의 추가 매수를 진행할 계획이다. 중간에 자금이 바닥나면 부동산을 팔거나 노동을 해서라도 말이다.

하지만 달러 투자가 익숙하지 않고 투자 자금마저 제한적일 수밖에 없는 초보 투자자들이라면 원/달러 환율이 속절없이 하락하기만 하는 경우 이를 즐기기는커녕 충격과 공포에 휩

싸일 수 있다. 정말 그렇게 될 때는 다음을 기억하며 달러 투자에 임하기를 권한다.

1. 원/달러 환율 하방: 1,000원

2. 추가 매수 갭: 5원

너무 간단한가? 활용법은 더 간단하다. 일단 원/달러 환율이 1,000원까지는 하락할 수 있다고 생각하고, 5원씩 하락할 때마다 추가 매수하라는 의미다. 예를 들어, 현재 환율이 약 1,200원이고 1,000원까지 하락한다면 앞으로 200원의 추가 하락이 있으리라 가정할 수 있다. 그렇다면 5원씩 하락할 때마다 달러를 추가 매수할 경우, 가용한 총 투자금을 40회(200÷5)로 분할하는 것이다. 이렇게 하면 넘버40은 1,000원에 달러를 사게 될 것이다. 총 투자금이 4,000만 원이라면 하락할 때마다 100만 원씩 달러를 매수하는 구조로 시스템을 설계하는 것이다.

물론 이 과정에서 반등이 있을 경우에는 꾸준히 수익을 실현하고, 수익 실현이 요원한 달러는 미국 월 배당 ETF에 넣어 배당도 받는다. 환율에 5원의 추가 하락이 있을 경우에 추가 매수하기로 계획했지만 10원이 하락하면 더 싸게 살 수 있게 되었으니 운이 좋다고 생각하면서 환율이 1,000원까지 하락하는 것을 즐기자.

이런 마음가짐과 방식으로 투자하면 원/달러 환율이 1,200원에서 1,000원으로 하락하는 동안 원래 계획보다 더 많은 달러를 확보할 수 있고, 박스권이 오래 지속되어 수익을 실현할 기회가 늘어나면 환율이 하락했음에도 수익을 내는 신기한 경험도 하게 될 것이다.

달러 투자를 견뎌야 할 때

투자의 세계에서 봄은 언제 올지는 몰라도 반드시 오게 되어 있다. 주가가 상승하면 원/달러 환율은 하락한다. 주가 상승의 이유 중 하나가 외국인의 매수세 증가인데, 한국 주식을 사기 위해서는 원화가 필요하다. 원화의 수요가 증가해 가치가 상승하니 원/달러 환율은 하락하는 것이다. 하지만 이 같은 원/달러 환율의 겨울은 그리 오래갈 수 없다. 수출 의존도가 높은 우리나라의 경제 특성상 저환율 상황은 경기 침체의 원인이 되고, 수출 기업의 실적 악화는 주가 하락의 원인이 되기 때문이다.

국가 경쟁력 하락이 곧 원화 가치의 하락을 의미하기에 원/달러 환율은 다시 상승하게 된다. 또한 이 과정에서 일어나는 외국인의 한국 주식 매도는 원화를 달러로 바꾸려는 달러 수요의 증가를 초래해 원/달러 환율의 상승을 촉진시킨다. 주식 투자자에게는 겨울이 와도 달러 투자자에게는 봄이 오는 것이다.

우리는 이와 비슷한 상황을 지난 코로나19 위기로 이미 겪은 바 있다. 당시 코스피는 1,400대로 주저앉았지만 원/달러 환율은 1,300원까지 치솟았다. 그런데 얼마 후에는 정반대의

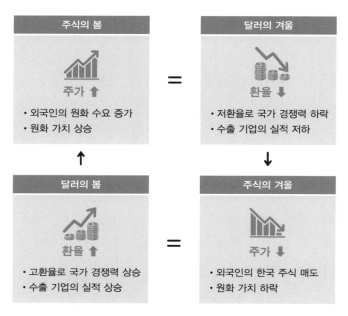

주가와 환율의 계절

상황이 펼쳐졌다. 코스피가 사상 최고치를 경신하고 원/달러 환율이 최저점을 경신한 것이다.

투자의 세계에서는 겨울이 가면 봄이 오고 봄이 지나면 또 겨울이 온다. 그러니 그때가 언제인지는 몰라도 봄은 반드시 온다는 사실을 기억하라. 달러의 겨울에는 주식의 봄을 즐기고 주식의 겨울에는 달러의 봄을 즐긴다면, 그 어느 순간에도 마음 편히 웃을 수 있다.

한번 이러한 상황을 가정해 보자. 당신에게 총 1억 원의 원화가 있다고 하자. 원/달러 환율이 1,000원일 때 자산의 50%인 5,000만 원을 달러로 바꾼다. 그럼 5,000만 원과 5만 달러를 보유하게 된다. 이때 환율이 10% 하락해 900원이 되면 달러의 가치는 10% 하락하게 되지만 원화의 가치는 10% 상승하게 된다. 환율은 원화와 달러의 '교환 비율'이기 때문에 그렇다. 이는 결국 재산상으로는 이익도 손실도 없는 상태라는 의미다. 그런데 이 사람이 원화 베이스 생활권에 있다면 이를 10%의 달러 투자 손실로만 인식하게 된다. 원화 가치의 10% 상승은 잘 느껴지지 않기 때문이다. 하지만 달러 베이스 생활권에 있다면, 같은 상황을 10%의 원화 투자 수익으로 인식하고 수익 실현, 즉 원화를 매도할 경우 달러 자산은 약 5,555달러 늘게 된다(5,000만 원으로 원/달러 환율이 900원일 때 달러 구입).

이것이 바로 내가 달러 투자를 성공적으로 진행할 수 있었

　　　　　　　　　　　　　　나는 주식 대신 달러를 산다

던 비결이고, 원/달러 환율이 하락하는 시기 역시 오히려 좋은 기회로 여길 수 있었던 이유다. 어찌 됐든 달러 자산보다 원화 자산이 훨씬 더 많은 상황에서 원화 자산의 가치가 상승한 것이므로 평가 손실 따위에 괴로워할 이유도 없을뿐더러, 투자에도 매우 유리한 상황이라고 볼 수 있었다. 반대로 고환율의 상황에서는 달러를 조금이라도 보유하고 있는 경우 달러 투자 수익을 실현해 원화 자산의 크기를 늘릴 수 있지만, 실상은 원화 가치의 하락으로 인해 재산상 커다란 평가 손실 상황에 처해진 것이라고 볼 수 있다. 이 논리대로라면 대부분의 한국인에겐 저환율의 상황이 훨씬 더 유리한 것이다.

이처럼 원/달러 환율이 하락하는 시기는 달러 투자를 하기에 좋은 기회가 되고 전체 자산의 가치가 증가하는 상황이 되기도 한다. 그저 막연히 언젠가 원/달러 환율이 상승해 달러 투자의 평가 손실 상황에서 벗어나 수익을 낼 수 있을 거라며 '희망 고문'을 하려는 게 아니다. 환율은 달러라는 자산의 가격이 아닌 교환 비율이므로, 실제로도 손실이 없을 수 있다는 이야기다. 달러에 투자하다가 환율의 하락으로 근심 걱정을 하게되었다면, 자신에게 이렇게 말해주면 된다.

"너무 걱정할 필요 없어. 평가 손실은 내 자산에 생긴 것이 아니라, 내 마음에 생긴 것일 수도 있으니까."

만약 주가가 오르고 달러 가치는 하락한다면, 달러로 산 미국 주식의 가치는 올라간 것일까 내려간 것일까? 달러 가치 하락분보다 주가 상승분이 더 크다면 올라간 것으로 볼 수 있고, 달러 투자액이 미국 주식 보유액보다 더 크다면 떨어진 것으로도 볼 수 있을 것이다. 물론 평가 가치상으로는 이렇게 계산하는 것이 타당하다. 하지만 투자는 손익을 실현할 때, 즉 평가 손익을 확정 손익으로 바꿀 때 그 성패가 결정된다. 그리고 그 성패는 오롯이 투자자의 결정에 달려 있다.

이러한 상황에 달러를 손절매(손해를 본 상태에서 매도)하고 미국 주식을 산다면 투자의 결과는 '실패'로 결정된다. 반대로, 주식을 익절매(수익이 난 상태에서 매도)하고 달러를 산다면 그 결과는 '성공'이 될 것이다. 예측에는 실패했어도 그 결과는 대응을 통해 보다 유리한 방향으로 만들어 낼 수 있다는 얘기다. 이를 종합해서 내린 성공적인 투자의 기본 메커니즘은 다음과 같다.

첫째, 좋은 자산을 싸게 산다.
둘째, 수익을 확정시킬 수 있을 때까지 기다린다.

이 간단한 원리를 지켜내기란 그리 쉬운 일이 아니다. 좋은 자산을 구별해 낼 능력도 부족하고, 적정 가격도 모르며, 인내심과 멘탈 또한 약하기 때문이다. 그래서 내가 한 것은 투자 대상을 나누고 투자 시점을 나누고 투자 금액을 나눈 것이다. 투자의 고수들은 실력이 더 좋은 플레이어가 승리하는 '승자의 게임'을 하지만, 나를 포함한 대부분의 평범한 투자자들은 실수가 잦은 플레이어가 패하는 '패자의 게임'을 한다. 그러니 우리의 전략은 비범한 결정을 내리기 위해 노력하기보다 실수를 줄이기 위해 노력하는 것이어야 한다.

투자는 곱하기 게임과도 같다. 단 한 번의 '0'이나 마이너스 숫자만 곱해도 전체의 결과가 없거나 마이너스가 되는 게임 말이다. 그러니 성공적인 결과를 만드는 데 더욱 효과적인 것은 더 잘하려는 노력보다 실수하지 않으려는 노력이다.

달러를 팔아야 할 때

주식은 내가 사면 내리고, 내가 팔면 오른다. 그래서 손절매도 어렵지만 익절매도 어렵기는 매한가지다. 그것이 제대로 산, 즉 가치 있는 주식이라면 손절매는 하지 않아도 그만이다. 말했듯 실현하지 않은 손실은 확정된 것이 아니기 때문이다. 하지만 익절매는 하지 않으면 투자의 가장 큰 목적이라고 할 수 있는 '수익 실현'의 기회를 놓칠 수 있다. 실현하지 않은 수익도 확정된 것이 아니기 때문이다. 그래서 필요한 것이 '목표 수익률'이다.

사실 투자의 고수들은 목표 수익률 따위를 따로 정해놓을 필요가 없다. 오랜 경험에서 온 숙련된 감각을 가졌을 뿐 아니라 즉각적인 밸류에이션Valuation(향후 가치를 예상해서 현시점의 현금 가치로 환산하는 것)도 가능하기에, 이들은 최적의 타이밍을 찾아내 최상의 수익을 낼 수 있다. 하지만 평범한 투자자들은 때로는 조바심, 때로는 탐욕을 통제할 수 없어서 너무 빠르거나 너무 늦어 기회를 놓치는 일이 허다하다.

그래서 나는 매수할 때부터 목표 수익률을 미리 정해놓는다. 목표 수익률을 정하기 힘든 경우라면, 투자 기간이라도 미리 정해놓는다. 그렇게 한다고 매도한 뒤 가격이 더 오르는 일을 막을 순 없다. 하지만 '내가 팔면 오르는 것이 주식'이라는 걸 시원하게 인정하고 나면 마음은 한결 가벼워질 것이다. 나는 주식을 매도한 뒤에는 일종의 가상 거래를 시작한다. 해당 종목에 공매도(없는 것을 판다는 의미로, 특정 주식이나 채권이 없는 상태에서 매도 주문을 내는 것)를 한 것으로 생각하는 것이다. 만약 주가가 더 오른다면 공매도는 실패해도 실제 손실은 발생하지 않는다. 반면 주가가 다시 내린다면 매수할 수 있는 기회를 또 얻게 되고 공매도로 인한 가상의 수익도 낼 수 있다. 말 그대로 무위험 투자를 할 수 있는 것이다.

사서 잃는 것보다 사지 않아서 후회하는 게 더 낫다고 했듯, 팔지 않아서 얻지 못하는 것보다 팔고 나서 후회하는 게 더 낫다. 달러 투자는 크게 2가지 이유에서 이러한 투자 철학에 더 적합한 투자라고 할 수 있다.

첫째, 달러를 파는 행위는 곧 원화를 사는 행위라 할 수 있기 때문이다. 둘째, 원/달러 환율은 상방이 정해져 있기 때문이다. 말했듯 좋은 가격에 살 수 있는 기회를 놓치게 되더라도 시간을 두고 기다리되, 원하는 가격이 아닐 때는 사지 않는 것이 더 낫다. 달러를 팔고 나서 가격이 더 오르더라도 그 상승폭이 제한적이고 다시 원래의 가격으로 하락할 가능성이 크다. 무엇보다 달러를 파는 행위는 곧 원화를 사는 행위와 같기에 가상의 공매도 투자를 하는 것이 아니라 실제 공매도 투자를 하는 것과 마찬가지의 상황이 연출된다.

원/달러 환율이 1,200원일 때 매도한 달러는 곧 원/달러 환율이 1,200원일 때 매수한 원화라고도 할 수 있다. 만약 환율이 더 올라 1,300원이 된다면 원화 투자자의 입장에서는 달러당 100원의 손실 상황을 맞닥뜨리게 되는 것이지만, 원화 베이스 생활권에 살고 있는 사람에게 원화의 평가 손실은 실생활에 그리 큰 타격이 되지 않는다.

반대로 원/달러 환율이 하락해 1,100원이 된다면 달러당 100원의 평가 수익이 발생한 것인데, 이 역시도 원화 베이스 생활권에 살고 있는 사람에게는 큰 이익이 되지 못한다. 달러 투자자의 입장에서는 달러를 더 싸게 살 수 있는 기회를 얻게 되어 곧 실질적인 이익에 반영되겠지만 말이다. 따라서 매수의

　　　　　　　　　　　나는 주식 대신 달러를 산다

기회가 왔을 때는 조금 더 신중하게 판단하려는 노력이 필요하지만, 수익 실현의 기회가 왔을 때는 적극적으로 대응해도 아무런 문제가 일어나지 않는다. 물론 더 큰 수익을 얻을 수 있었던 기회를 날렸다는 아쉬움은 있을 것이다. 하지만 이미 조금이라도 수익을 얻은 후의 상황이라는 점에서 배부른 아쉬움이 아닐까.

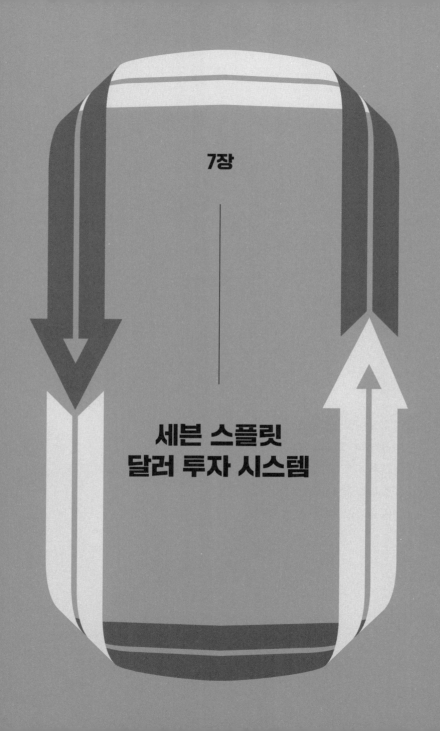

7장

세븐 스플릿
달러 투자 시스템

예측이 어렵다는 것은
평범한 투자자들에게는 오히려 희소식이다.
달러 투자는 정보에 따라 가격을 예측하는 것이
애초에 불가능하므로 고수든 일반인이든
거의 동등한 상황에서 투자할 수 있다.

세븐 스플릿, 나누면 더 얻는다

달러든 주식이든 효율적인 투자를 하려면 해당 자산의 특성을 파악하고 거래 방법을 제대로 알아야 한다. 그런데 '방법'을 알면 투자를 할 수 있을 뿐이지, 무조건 투자에 성공할 수 있는 건 아니다. 투자가 지식을 갖추는 것만으로 성공할 수 있는 일이었다면 경제학 교수처럼 아는 것이 많은 경제학자들은 모두 부자여야 할 테고, 인공지능에 투자를 맡기는 것이 가장 현명한 방법일지도 모른다.

나는 원/달러 환율이 낮을 때 산 달러를 원/달러 환율이 높을 때 팔면 수익이 발생한다는 사실을 알았고 돈을 돈으로 사는 달러 투자는 매우 안전한 행위라는 믿음도 생겼지만, 여전히 해결되지 않는 문제를 안고 있었다. 그것은 심리적인 문제였다. 예를 들어, 원/달러 환율이 1,100원일 때 산 달러는 환전 수수료 등의 거래 비용을 제외하고 단 1원 이상만 상승해도 수익을 낼 수 있다. 그럼에도 환율이 계속해서 하락한다면 조바심과 함께 밀려오는 걱정으로 온종일 환율을 확인하느라 돈을 부리는 게 아니라, 돈의 노예가 될 수 있다. 결국 투자를 노동처럼 하게 되는 것이다. 투자한 원금을 회복하기까지 너무 오랜 시간이 소요되진 않을까 염려하는 것도 주식에 투자할 때와 별반 다를 게 없었다. 심지어 환율이 상승해 수익 실현의 기회를 얻게 되더라도 언제 팔아야 할지 가늠하기 어려웠고, 혹은 팔고 나서 더 오르는 것은 아닐까 고민하며 주저하다가 기회를 놓친 경우도 많았다. 더 많은 수익을 내고 싶다는 탐욕은 평가 손실을 견디는 것만큼이나 많은 인내심을 필요로 했다.

안전하고 가치 있는 투자 대상을 찾고 또 이를 통해 수익을 내는 방법까지는 알게 되었지만, 마음을 다스리는 일이 과제로 남은 것이다. 나는 이러한 이유로 여러 날을 고민하다가 위험하고 가치 없는 투자 대상, 즉 도박으로 돈을 벌 수 있었던 비결을 달러 투자에 응용해 보기로 했다. 투자를 견디는 심리 상태, 즉 멘탈은 주식이나 달러에 투자할 때보다 도박할 때 더 많이 필요하다. 그러니 도박을 할 때 평정심을 유지할 수 있었던 비결이 투자할 때도 통할 것이라고 생각한 것이다.

나는 먼저, 블랙잭 게임 전략 중 플레이어를 둘로 나누는 스플릿이라는 개념을 투자에 적용하기로 했다. 2장의 카드로 게임이 시작되는 블랙잭 게임에서 승리할 확률이 가장 높은 카드는 'A(에이스)'다. 하지만 A는 2장의 카드 중 1장일 때만 좋은 것이지 2장 모두 A라면 얘기가 180도 달라진다. 이때는 스플릿이라는 규칙을 이용해 A를 둘로 분리할 수 있는데, 1명의 플레이어를 마치 2명처럼 나누는 것이다. 서유기에서 손오공이 자신의 머리털을 뽑아 분신술을 펼치듯 2장의 A를 가지고 있던, 즉 승리하기에 불리해진 1명의 플레이어가 각각 1장씩의 A를 가진, 즉 승리할 가능성이 가장 큰 카드를 가진 2명의 플레이어가 되는 것이다. 나는 블랙잭 게임에서 불리해진 1명의 플레이어가 게임에서 유리한 2명, 3명의 플레이어로 분신술을 펼치듯, 투자자 역시 비슷한 방법으로 분신술을 펼칠 수 있으리라 생각했다.

투자를 하다 보면 투자한 대상의 가격이 하락하는 일을 자주 겪게 된다. 내가 사면 가격이 내리는 신비한 경험이 많이 쌓이면 한 번에 매수하는 방식보다 나누어 매수하는 '분할 매수'의 중요성을 스스로 깨닫게 된다. 하지만 대부분의 초보 투자자는 계획된 분할 매수를 한다기보다 가격이 하락했을 때 평균 단가를 낮추기 위한, 이른바 '물 타기'를 하게 되는 일이 흔하다. 물 타기는 예를 들어, 10만 원에 산 주식의 가격이 5만 원으로 하락했을 때 10만 원에 샀던 만큼의 투자금을 더 투여함으로써 평균 매수 가격을 7만 5,000원으로 낮추는 효과를 거두는 투자 기법이다. 가격이 하락할 때마다 이렇게 평균 단가를 낮추면 가격이 최초의 매수가 수준에만 도달해도 수익이 난다. 하지만 가격이 하락한 자산이 원래의 가격으로 회귀하기란 그리 쉬운 일이 아니다. 그야말로 오랜 기간의 인내와 고통을 감내해야 한다. 심지어 이 방법을 잘못 사용할 경우 투자금의 기하급수적인 증가를 초래해, 하나의 자산, 하나의 주식 종목에 전 재산을 쏟아 붓는 위험한 상황이 생기기도 한다.

블랙잭의 스플릿에서 영감을 받아 만든 '세븐 스플릿 달러 투자 시스템'은 이러한 물 타기식 분할 매수와는 그 개념이 다르다. 분할 매수로 투자할 경우 1명의 투자자가 원/달러 환율이 1,000원일 때 1만 달러, 500원일 때 1만 달러를 추가로 매수할 경우, 750원에 2만 달러를 보유한 것으로 인식된다. 500원이던 원/달러 환율이 750원 이상으로 상승해야만 수익이 나는 구조가 되는 것이다. 하지만 투자자를 2명으로 나누는 개념을 적용하면 상황이 조금 달라진다. 1,000원에 1만 달러를 산 첫 번째 투자자는 500원이던 원/달러 환율이 500원 넘게 상승한 1,000원 이상이 되어야 수익을 실현할 수 있지만,

500원에 1만 달러를 산 두 번째 투자자는 500원에서 환율이 단 1원만 상승해도 평가 수익이 아닌 실현 수익을 내는 상황이 만들어지는 것이다.

원/달러 환율은 그 가격이 일정한 범위 안에서 움직이는 구조이므로 무조건 장기적으로 투자하기보다는 적절하게 트레이딩Trading(주식이나 채권 같은 자산을 단기간 내 사고팔아 수익을 내는 일)하는 것이 더 효과적이다. 이해를 돕기 위해 사례를 들어보자. 1,000원이었던 원/달러 환율이 500원까지 하락했다가 1,500원까지 상승한 후 다시 500원으로 하락하는 상황이라고 가정하자. 이 상황에서 총 1억 원의 투자 자금을 크게 3가지 방법으로 투자한다면 결과가 어떻게 달라질지 계산해 보자.

첫 번째, 총 1억 원의 자금을 단 한 번에 투자하는 경우

원/달러 환율 1,000원에 달러를 총 1억 원어치 매수했다고 하자. 이때 원/달러 환율이 500원까지 하락한다면 평가 손실률은 약 50% 정도가 된다. 약 5,000만 원의 평가 손실 상황이 되기까지 공포와 근심, 걱정 속에서 힘들고 고통스러운 나날을 보내게 될 것이다. 어쩌면 다행히 이 시간을 견뎌낼 수도 있다. 하지만 혹시 원/달러 환율이 다시 1,000원까지 올라서 투자 원금을 회복할 기회가 생긴다고 해도, 또다시 겪게 될지 모를 손실 상황을 피하기 위해서라도 수익이 없는 원금 보전에

만족하는 수준에서 투자를 마무리하게 될 가능성이 매우 크다. 또 용기를 내 원/달러 환율이 1,500원이 될 때까지 기다린다 할지라도 탐욕으로 인해 수익 실현의 기회를 놓치게 되면, 결국 환율이 500원으로 되돌아갔을 때 50%의 손실을 본, 실패한 투자로 마무리될 수도 있다.

두 번째, 일반적인 방식으로 분할 매수하는 경우

원/달러 환율이 1,000원일 때와 환율이 하락해 500원이 될 때 총 2번에 나누어 달러를 매수했다고 하자. 그럴 경우 평균 단가는 750원이 되고, 환율이 1,500원까지 상승했을 때 수익을 실현하면 약 100% 정도의 수익이 난다. 하지만 인간의 탐욕은 분할 매수를 한다고 해서 크게 달라지지 않는다. 더 큰 수익을 위해 기다리다가 환율이 다시 500원까지 하락해 버린다면 이 역시 손실 상황을 피할 수 없을 것이다. 다만, 이 방법은 첫 번째 방법과 비교하면 확실히 더 안전하고 효율적인 방식이라고 할 수 있다. 평가 손실률 역시 첫 번째 방법보다는 덜 치명적이다. 그럼에도 투자 멘탈을 다잡는 데는 그다지 큰 효과를 얻을 수 없다는 점에선 크게 다르지 않다.

세 번째, 세븐 스플릿 투자 시스템으로 분할 매수하는 경우

일단 환율이 하락할 때마다 분할 매수하는 것까지는 일반적인 분할 매수 방법과 별반 다르지 않다. 하지만 세븐 스플릿은 수익을 실현할 때도 나누어서, 즉 분할 매수했던 것처럼 분할 매도한다는 점에서 차이가 있다. 원/달러 환율이 500원일 때 산 달러를 최초 매수가인 1,000원에 수익 실현하면 환율이 다시 하락해 500원이 되더라도 평가 손실을 피할 수 있다. 두 번째 투자자의 수익으로 첫 번째 투자자의 손실을 상쇄하는 효과를 얻게 되는 것이다.

———

물론, 이러한 예시는 세븐 스플릿 투자 시스템의 장점을 효과적으로 설명하기 위해 극단적으로 유리한 상황을 가정한 결과다. 하지만 실제로 투자를 하다 보면 이 같은 가격의 변동성을 생각보다 많이 경험하게 되고, 그때마다 적당한 대응이 필요하기에 한 번쯤 고려해 볼 필요가 있다. 가격이 요동칠 때 공포와 탐욕을 견디는 것이 성공적인 투자의 비결이라면, 무너지는 멘탈을 다잡을 수 있는 자신만의 투자 시스템을 구축해야 할 것이다.

가치에 대응하되 예측하지 않는다

투자 시스템 구축에 관해 강조하면, 많은 사람이 이를 '어떤 원칙을 세우고 이를 지키는 것'과 혼동한다. 하지만 아무리 좋은 투자 원칙을 세운다고 해도 이를 지키지 못하면 아무 소용이 없다. 그런데 만들어 놓은 시스템이 좋은 투자 원칙을 지킬 수밖에 없는 구조로 설계되어 있다면 어떨까? 그 원칙을 지키지 못하게 되는 상황까지 통제한다면, 전혀 다른 결과를 얻을 수 있지 않을까?

이러한 생각을 바탕으로 고안한 '세븐 스플릿 투자 시스템'이라는 일종의 투자 방법을 통해 나는 투자를 실패로 이끄는 생각과 마음을 차단하는 데 큰 효과를 얻었다. 참고로, 이 투자 시스템은 달러 투자는 물론이요 주식 투자에 적용했을 때도 투자 멘탈을 지켜내는 데 탁월한 효과를 보였다. 이처럼 좋은 투자 원칙을 지킬 수 있는 좋은 투자 시스템을 구축해 놓으면, 달러 투자든 주식 투자든 유사한 방식으로 활용할 수 있다. 무엇보다 이 같은 투자 시스템을 통해 좋은 투자의 경험이 쌓이다 보면 그것이 습관이 되어 시스템 없이도 합리적이고 올바른 투자를 하게 된다.

세븐 스플릿은 분할 매수와 분할 매도를 투자 시스템의 큰 축으로 삼는다. 그리고 언제부터 투자를 시작하는지 정하고, 언제까지 추가 매수할지에 대해서도 미리 계획을 세운다. 또한 수익 실현 역시 시스템하에 진행되게 하는데, 여기서 중요한 개념은 이것이 탐욕과 공포라는 인간의 본성을 거스르지 않는 범위에서 움직이게 한다는 점이다.

원/달러 환율이 1,000원이 되면 추가 매수한다는 원칙을 세우고, 1,000원이 되었을 때 달러를 매수하는 행위는 AI 로봇 같은 프로그램이 더 잘할 수 있다. 하지만 세븐 스플릿은 이와는 개념이 조금 다르다. 원/달러 환율이 1,000원 이하가 되면 달러를 추가 매수한다는 원칙을 미리 세워두는 것까지는 비슷하지만, 이 원칙을 정확하게 지키지 않으면 오히려 더 좋은 결과를 얻을 가능성도 있다는 점에서 그렇다. '원/달러 환율 1,000원 이하에서 추가 매수할 수 있다'가 원칙일 뿐, 더 낮은 가격으로 하락할 때까지 얼마든지 기다려도 되고 심지어 매수 자체를 실행하지 않아도 된다는 점이 다르다. 또한 그러한 계획이 예측하거나 바라던 방향에서 어긋나더라도 마음 편한 투자가 가능하다는 점도 큰 차이다. 예를 들어, 원/달러 환율이 1,000원에서 900원까지 하락하는 상황에서 투자를 진행하는 경우를 가정해 보자. 정해진 가격에 칼같이 달러의 추가 매수를 진행하는 경우와 세븐 스플릿으로 분할 매수를 진행하는 경우가 어떻게 다른지 살펴보면, 아래와 같다.

총 1,000만 원을 환율이 20원 정도 하락할 때마다 5번 분할해 매수한다면, 그 구조는 다음과 같을 것이다.

주체	원/달러 환율	매수 상황
넘버1	1,000원	약 200만 원 매수
넘버2	980원	약 200만 원 매수
넘버3	960원	약 200만 원 매수
넘버4	940원	약 200만 원 매수
넘버5	920원	약 200만 원 매수

하지만 세븐 스플릿 투자 시스템으로 분할 매수한다면 상황에 따라 다음처럼 달라질 수 있다.

나는 주식 대신 달러를 산다

주체	원/달러 환율	매수 상황
넘버1	1,000원	약 200만 원 매수
넘버2	975원	약 200만 원 매수
넘버3	951원	약 200만 원 매수
넘버4	928원	약 200만 원 매수
넘버5	900원	약 200만 원 매수

자, 무엇이 다른지 알겠는가? 앞의 일반적인 분할 매수 방식이 정해진 원칙을 한 치의 오차도 없이 그대로 따르는 것이라면, 세븐 스플릿 투자 시스템은 정해진 원칙을 따르되 시장 상황에 따라 일종의 '대응'을 했다는 것을 알 수 있다. 그리고 결과적으로는 더 낮은 가격에 더 많은 달러를 매수하게 되는 효과를 가져왔다. 그런데 이 미묘한 차이가 수익 실현을 하는 과정에서는 더 큰 차이를 불러온다.

예를 들어, 원/달러 환율이 900원에서 1,000원까지 상승하는 상황에서 달러 투자를 진행한다고 가정해 보자. 정해진 가격에 칼같이 매도를 진행하는 경우와 세븐 스플릿으로 분할 매도를 진행하는 경우가 어떻게 다른지도 살펴보자. 앞에서 소개한 사례에서 확보한 달러를 환율이 20원 정도 상승할 때마다 총 5번으로 분할해 매도를 진행한다면 그 구조는 다음과 같이 진행될 것이다.

주체	원/달러 환율	매수 상황
넘버1	1,020원	약 200만 원 매도
넘버2	1,000원	약 200만 원 매도
넘버3	980원	약 200만 원 매도
넘버4	960원	약 200만 원 매도
넘버5	940원	약 200만 원 매도

그런데 같은 상황에서 세븐 스플릿 투자 시스템으로 달러를 분할 매도한다면 이렇게 달라질 수도 있다.

주체	원/달러 환율	매수 상황
넘버1	1,022원	약 200만 원 매도
넘버2	1,000원	약 200만 원 매도
넘버3	983원	약 200만 원 매도
넘버4	951원	약 200만 원 매도
넘버5	925원	약 200만 원 매도

칼로 잰 것처럼 정확한 가격에 달러를 사고파는 전자에 비해 느긋하게 시장에 대응하는 것이 더 효과적이라는 것을 알수 있다. 심지어 이렇게 하다 보면 휴가를 보내느라 원/달러 환율이 900원에서 1,000원으로 상승하는 동안 달러 거래를 전혀하지 않았다고 해도 그것이 오히려 훨씬 큰 수익을 내는 데 도움이 될 수도 있다.

일반적인 트레이딩이 가격 변화에 민감하고 민첩하게 대

응하는 투자라면, 세븐 스플릿 시스템에서의 트레이딩은 아주 천천히 느긋하게 대응하는 투자다. 가격에 맞춘 투자가 아닌, 가치에 맞춘 투자이기에 가능한 일이다.

'환율을 예측하는 것은 신의 영역에 있다'란 말이 있다. 원/달러 환율이 오를지를 예측하는 것도 불가능에 가깝지만, 반대로 하락할지를 예측하는 것 역시 불가능하다. 주식 투자의 경우 예측의 근거로 삼을 만한 요소가 다양하다. 회사의 적정 내재 가치보다 주가가 낮을 때는 주가가 내재 가치에 수렴해 상승할 수 있다는 일종의 예측이 가능하다. 또 신규 사업 진출이나 신제품 발표, 부동산 자산 매각 등 기업의 내재 가치를 변화시킬 만한 요소가 대단히 많고, 이러한 정보를 분석해 주가 방향을 어느 정도 가늠해 볼 수 있다. 달러 투자 역시 달러 지수나 최근의 가격 추이 등을 통해 가치보다 낮은 가격에 매수하는 경우 상승 가능성은 좀 더 커질 수 있다. 하지만 그 내재 가치를 변화시킬 만한 요인은 주식에 비해 그리 많지 않으며 이 같은 특성이 예측을 더욱 불가능한 상황으로 만든다.

예측이 어렵다는 것은 일반적이고 평범한 투자자들에게는 오히려 희소식이다. 주식 시장에서 1%의 고수 투자자가 99%의 개미 투자들의 돈을 쓸어가는 것은 왜일까? 정보의 불평등과 해당 정보에 대한 분석력 부족이 그 원인일 때가 많다. 하지만 달러 투자는 이러한 정보에 따라 가격을 예측하는 것이 애초에 불가능하기에 고수 투자자든 일반 투자자든 거의 동등한 상황에서 투자할 수 있다고도 말할 수 있다. 투자 성과가 예측력이나 통찰력에 달린 것이 아니라, 오직 '가치보다 낮은 가격에 달러를 사서 가격이 가치에 수렴할 때까지 기다리는 능력'에 달린 것이다.

이것이 내가 달러를 사기 시작해도 되는 때를 파악하기 위해 달러 지수와 빅맥 지수 그리고 일정 기간 동안의 가격 추이 등의 정보로 달러 투자 데이터를 만든 이유이기도 하다. 물론 세계 경제 위기나 미국의 양적 완화 같은 예측이 불가능한 이벤트로 인해 달러 투자 데이터의 신뢰도가 급격히 하락하는 경우도 있다. 하지만 달러는 '비싼' 가격 정도가 아니라 '너무 비싼' 가격에만 사지 않으면 활용도가 아주 많은, 한마디로 그 자체만으로도 가치가 충분한 돈이라는 점에서 아주 좋은 투자 대상이라는 것만은 분명하다.

최초 매수와 추가 매수

주식 투자에서 '보초병을 투입한다'라는 말이 있다. 투자할 종목을 선정하고 나서 해당 주식에 곧바로 투자하는 것이 아니라, 소액만 투자해 놓고 이후의 가격 추이를 관찰해 보는 것을 말한다. 좀 더 안전하고 신중한 투자를 위한 일종의 판단 숙려 기간을 갖는 개념으로 보면 된다. 이렇게 보초병을 투입해 놓았다가 주가가 하락하면 좀 더 낮은 가격에 투자를 시작할 수도 있고, 반대로 주가가 급등하면 좋은 기회를 놓칠 수도 있다.

세븐 스플릿 투자 시스템하에서 첫 번째 투자, 즉 최초 매수는 이처럼 보초병을 투입하는 것과 비슷한 개념으로 보일 수 있지만, 1가지 크게 다른 것이 있다. 가격이 급등하더라도 어느 정도 만족할 만한 수익이 나는 규모의 투자금을 투여한다는 점이다.

보초병의 경우 주로 소액으로 테스트 차원에서 투자하는 것이기에 가격이 하락하더라도 큰 문제가 되지 않는다는 것이 장점이지만, 반대로 가격이 상승하면 아쉬움이 클 뿐만 아니라 실제 투자를 진행할 경우 원래 계획보다 높은 가격으로 투자해야 한다는 단점도 있다. 하지만 세븐 스플릿의 최초 매수는 이처럼 소액으로 테스트 차원의 투자를 진행하는 것이 아니라 추가 매수가 없어도 투자에 따른 투자 수익에 만족할 수 있는 수준의 투자금을 투여한다는 점에서 다르다.

투자금의 규모는 투자 대상에 따라 달라진다. 주식 투자의 경우 하루 5% 정도의 가격 변동이 일반적이지만, 달러 투자의 경우 그보다 낮은 0.5% 정도가 일반적이라고 할 수 있다. 각자의 경제 형편과 마음가짐에 따라 다르긴 하겠지만, 100만 원의 5%는 5만 원 정도로 1회 투자 수익으로서 어느 정도 가치가 있어 보여도 똑같은 투자금 100만 원으로 0.5%의 수익을 실현하면 5,000원이라 그리 만족스럽지 않을 수 있다. 따라서 투자 대상의 기대 수익률에 따라 투자금의 규모도 달라져야 한다.

이러한 이유로 나는 달러 투자의 투자 단위는 주식 투자의 그것보다 약 5~10배 정도 크게 설정한다. 여기서 말한 '투자 단위'란 한 번의 투자 결정에 따라 투여하는 투자금의 규모를 의미하는데, 세븐 스플릿 투자 시스템은 기본적으로 추가 매수를 미리 염두에 두고 투자를 진행하므로 최초 설정한 투자 단위가 이후의 투자 규모는 물론 전체의 투자 규모에도 영향을 미친다. 그러므로 처음부터 투자 계획을 수립할 때 매우 신중하게 고려해야 한다.

세븐 스플릿 투자 시스템에 따르면, 최초의 매수 계좌, 즉 넘버1이 어떤 주식 종목에 100만 원을 투자한 이후 주가가 하락해 넘버2가 추가 매수에 들어갈 때는 앞서와 같은 100만 원을 투자한다. 연이은 추가 매수 역시 같은 금액으로 투자한다. 보통 하나의 계좌에서 투자를 진행하는 경우 가격이 하락하면 평균 단가를 낮추기 위해 투자 금액을 점점 더 크게 늘려갈 때가 많다. 원/달러 환율이 1,200원일 때 100만 원을 투자한 후 환율이 1,000원으로 하락해 추가 매수하게 되었을 때 똑같이 100만 원을 투여하면 평균 단가는 손실률을 원래보다 50% 정도 낮춘 1,100원이 되지만, 이보다 작은 금액을 투자하면 손실률이 50% 이상이 되기 때문이다. 이러한 이유로 많은 투자자가 가격이 하락할 때마다 평균 단가를 되도록 많이 낮추기 위해 투자금을 계속해서 늘려가는 실수를 저지르게 되는 것이다. 1,100원에 200만 원을 투자하게 된 상황에서 원/달러 환율이

900원으로 추가 하락할 경우 평균 단가를 50% 수준인 1,000원이 되게 하려면 100만 원이 아니라 200만 원을 투여해야 한다. 이런 식으로 계속해서 추가 매수하게 되면 투자금은 얼마 지나지 않아 바닥을 드러낼 수밖에 없다. 그리고 이는 원/달러 환율이 더 크게 하락하게 되는 경우 더 낮은 가격에 달러를 매수할 수 있는 기회까지 놓치게 만들 수 있다.

하지만 추가 매수의 목적이 '평균 단가를 낮추려는 것'이 아닌 '이전보다 낮은 가격에 달러를 매수하려는 것'일 경우, 이 같은 문제를 원천적으로 차단할 수 있다. 이는 추가 매수를 이전 투자 행위의 보완이 아니라 별개의 새로운 투자로 보는 개념인데, 앞에서 언급했듯 투자금이 기하급수적으로 늘어나게 되는 걸 방지할 뿐 아니라 수익 실현의 기회를 포착하기에 용이하다는 이점이 있다.

만약 환율이 하락해 1,000원이 되었다면 평균 단가 1,100원 이상에서 수익을 실현하려면 약 10%의 가격 상승이 필요하다. 하지만 넘버1이 1,200원, 넘버2가 1,000원, 이렇게 개별적인 형태로 투자하면 단 1%만 가격이 상승해도 수익 실현의 기회를 만들 수 있다. 물론 전자의 경우에도 추가 매수한 물량으로만 수익을 실현하면 똑같은 결과를 얻을 수 있다. 하지만 수익 실현 후 평균 단가를 재산정해야 하는 등 복잡한 계산 과정이 수반되므로 후자의 경우가 훨씬 편리하고 쉽다.

이것이 내가 달러 투자 시 투자 단위를 주식 투자 시보다 5~10배 정도로 크게 설정해 놓는 이유다. 주식 투자의 경우에는 투자 단위가 100만~500만 원 수준이지만, 달러 투자의 경우에는 500만~3,000만 원 수준이다. 세븐 스플릿은 장기 투자 뿐 아니라 단기 트레이딩도 병행하는 구조이므로 주식 투자 시엔 최소 3%, 달러 투자 시엔 최소 0.3% 이상의 수익률로 수익을 실현해야 유의미한 이익을 기대할 수 있다.

추가 매수 시의 갭 역시 투자 규모처럼 변동성에 따라 적절하게 정해놓아야 한다. 주식 투자는 일 변동성이 3~10%인 종목이라면 추가 매수의 갭, 즉 바로 직전에 투자한 자산의 평가 손실률이 최소 3% 이상일 때 추가 매수하는데, 달러 투자는 변동성이 0.3~1% 정도이므로 추가 매수의 갭은 최소 0.3% 정도로 정하는 것이 적당하다고 본다. 원/달러 환율이 1,000원일 때 0.3%는 약 3원 정도의 수준이므로 3~10원 사이에서 정하는 것이다.

이러한 추가 매수의 갭은 일괄적으로 정하는 것도 나쁘지 않지만, 좀 더 효율적인 투자를 위해 가격대에 따라 다르게 적용하는 것도 방법이다. 예를 들어, 원/달러 환율 1,200~1,100원의 구간에서는 추가 매수 갭을 10원 정도로 설정하고, 1,100~1,050원 구간에서는 5원, 1,050~1,000원에서는 2.5원 정도로 설정하는 것이다. 이렇게 설정하면 가격이 낮아질수록 추가 매수가 더 잦게 이루어지는 구조라 전체적으로 보면 추가 매수 갭을 일괄로 설정하는 것보다 더 낮은 가격에 더 많은 달러를 확보하게 되는 장점이 있다.

이와 비슷한 효과를 거둘 수 있는 방법이 하나 더 있다. 추가 매수 갭은 가격대와 관계없이 똑같이 정하고 투자 단위를 늘리는 방법이다. 예를 들어, 원/달러 환율 1,200~1,100원의 구간에서는 투자 단위를 100만 원으로 설정하고, 1,100~1,050원 사이에서는 200만 원, 1,050~1,000원에서는 300만 원으로 설정하는 식이다. 여기서 하나 주의할 점은 이 방식은 매 투자 시마다 투자금을 늘려가는 것과는 개념이 조금 다르다는 것이다. 추가로 투자할 때마다 투자금을 늘려나갈 경우엔 전체적인 투자 계획을 세우는 것도 복잡하거니와 멘탈을 유지하는 데도 어려움이 따를 수밖에 없다. 따라서 핵심은 각 투자 구간을 1단계, 2단계, 3단계처럼 세트 단위로 묶어서 각 세트마다 투자 규모를 늘리는 것이다. 단, 투자 경험이 많지 않은 초보라면 투자 단위는 그대로 유지하고 가격대에 따라 추가 매수 갭을 좁혀나가는 전략을 취하길 권한다.

참고로, 나는 이 2가지 전략, 그러니까 추가 매수를 진행하면서 추가 매수 갭도 좁혀나가는 동시에 투자 단위 또한 늘리는 두 방법을 모두 활용한다. 원/달러 환율이 낮아지면 좀 더 공격적인 투자가 가능하게 만든 것이다.

다만 이러한 추가 매수 방법을 주식 투자에 그대로 적용하는 것은 신중해야 한다. 두 자산의 성질이 다르기 때문이다. 달러 투자에서 원/달러 환율이 낮아지는 것은 가격 메리트 증가라는 장점이 극대화되는 상황이라고 할 수 있지만, 주식 투자에서 주가가 하락하는 것은 해당 회사의 내재 가치가 하락하는 것일 수도 있고, 심지어 상장 폐지 같은 최악의 상황으로 가는 신호일 수도 있다. 앞에서 누누이 말했듯, 달러는 그 내재 가치가 이미 검증된 것은 물론, 원화와의 교환 비율이라는 점에서 그 수치가 제로에 수렴할 가능성은 거의 없기에 가격이 하락할 때 추가 매수하는 것이 그리 위험한 일은 아니다. 하지만 주식은 분식 회계나 외부에 드러나지 않았던 대표자의 배임과 횡령 같은 일이 발생할 경우, 해당 기업의 실제 내재 가치를 제대로 검증하는 것이 현실적으로 불가능하기에 추가 매수할수록 투자금의 규모도 커지는 동시에 위험성 또한 함께 커질 수 있다. 따라서 나는 달러에 투자할 땐 세븐 스플릿 투자 시스템이라는 이름이 무색하게도 특별히 추가 매수의 횟수를 제한하지 않는 방식으로 투자하고 있지만, 주식 투자 시에는 총 7번의 추가 매수 이상의 투자에는 매우 신중을 기한다.

이처럼 달러에 투자할 때 추가 매수의 횟수를 특별히 제한하지 않으면 도대체 언제까지 진행해야 하는지 고민하게 될 수 있다. 내가 생각하는 달러의 추가 매수를 멈추어야 할 때는 간단하다. 계획했던 투자금이 모두 소진되었을 때다. 계획한 투자금이 다 떨어졌는데도 더 추가로 매수하고 싶다면? 당연한 말이지만, 국내 주식이나 부동산 등의 다른 투자 자산을 처분한 원화 현금을 이용하거나 노동으로 투자 자금을 더 확보하면 된다. 따라서 좋은 가격이 되었을 때 투자를 멈추고 싶지 않다면, 예상 가능한 최악의 상황, 즉 원/달러 환율의 최하방까지도 고려한 투자 자금 집행 계획을 미리 세워두자. 참고로, 나는 역대 최저치라고 할 수 있는 700원까지 원/달러 환율이 내려간다고 해도 추가 매수를 멈추지 않을 생각이다. 달러의 가치에 대한 신뢰가 있기도 하고, 현실적으로도 나쁘지 않은 선택이라고 보기 때문이다. 달러를 700원에 살 수 있다면 전 재산을 달러로 바꿔 미국으로 이민해도 지금보다 풍족한 삶을 영위할 수 있을 테니 말이다.

앞에서 살펴본 세븐 스플릿 달러 투자 시스템의 추가 매수 방법을 다시 한번 정리해 보자.

1. 투자 단위 : 최소 3원이 상승해도 유의미한 수익 창출이 가능한 투자 금액으로 설정
2. 추가 매수 갭 : 최소 3원의 갭으로 추가 매수하며, 가격대에 따라 추가 매수 갭을 좁히거나 투자 단위를 늘려가는 구조로 설정

또한 이 방법에 따라 실제로 달러 투자를 진행할 경우, 다음과 같은 계획을 세울 수 있다. 이를 참고하여 자신의 자산 규모와 투자금에 맞춰 계획을 세워보자.

환율 구간	투자 단위	추가 매수 갭	투자 횟수	총 투자금
1,200~1,100원	100만 원	10원	10회	1,000만 원
1,100~1,050원	200만 원	5원	10회	2,000만 원
1,050~1,000원	300만 원	2.5원	20회	6,000만 원

수익 실현의 때

세븐 스플릿 시스템에는 매우 중요한 원칙이 하나 있다. 바로, 손절매를 하지 않는다는 것이다. 투자를 하다 보면 자금이 묶여 버려서 어쩔 수 없이 손실을 감수하고라도 투자한 자산을 매각해 현금화해야 하는 일도 발생한다. 하지만 달러 투자 시엔 '현금화'라는 행위 자체가 필요 없다. 아주 당연하게, 달러가 곧 돈이기 때문이다. 물론 원화가 필요할 때 달러를 원화로 재환전하는 달러의 매도 상황이 발생할 수 있다. 그럼에도 달러는 해외여행 혹은 자녀나 본인의 유학 자금, 이민 자금까지 광범위하게 사용할 수 있고 미국 주식이나 해외 부동산 투자에도 활용할 수 있다. 달러를 사용해도 되는 일뿐 아니라 달러만 사용해야 하는 일까지 있으니 비교적 현금화에 대한 허들이 높지 않은 것이다.

손절매를 하지 않는다는 원칙은 실현하지 않은 손실은 확정된 것이 아니라는 투자의 속성에 따른 것이다. 만약 달러 투자에 사용되는 돈이 온전히 투자를 위한 것이라면 원화 상태일 때는 한국 주식에, 달러 상태일 때는 미국 주식에 투자하는 식으로 계획을 세워두면 굳이 손실을 확정하면서까지 달러를 매도할 일은 없을 것이다.

이러한 이유로, 나는 한국 주식과 미국 주식의 비중을 처음부터 미리 정해놓지 않는다. 달러의 손실 회복이 요원해 보일 때는 이를 미국 월 배당 ETF나 월 배당 리츠 같은 미국 주식에 투자해 미국 주식의 비중을 늘리고, 반대로 수익 실현이 가능한 상황에서는 미국 주식을 매도해 얻은 달러로 원화 비중을 늘려 한국 주식에 투자하는 등 융통성 있게 투자하는 것이다.

나는 이 같은 일련의 과정을 물 흐르듯 자연스럽게 진행한다. 아주 다행스럽게도 이 전략은 원/달러 환율의 등락과 반대로 움직이는 경우가 많아서 자연스럽게 진행될 때가 많다.

한국 주식 매도로 원화 확보

원화로 달러 매수

달러로 미국 주식 매수

미국 주식 매도로 달러 확보

달러로 원화 매수

원화로 한국 주식 매수

나는 주식 대신 달러를 산다

달러 투자의 7원칙

앞에서 '세븐 스플릿 달러 투자 시스템'을 다소 장황하게 설명했지만, 이를 실행하는 데는 전혀 복잡할 게 없다. 오히려 너무 단순하고 간단해서 이 정도의 시스템만으로 투자 멘탈을 지키는 것이 가능한가 의문이 들 것이다. 시스템의 내용을 정리하면, 7가지 투자 원칙으로 요약된다.

| 원칙 1 | **레버리지는 절대 사용하지 않는다.**
| 원칙 2 | **손절매를 하지 않는다.**

| 원칙 3 | 최초 매수하는 달러의 가격은 달러 투자 데이터에 의한
'투자를 시작해도 좋은 상황'에 따라 정한다.

| 원칙 4 | 최초 매수하는 달러의 투자 규모는 총 투자 규모의 5%
를 넘기지 않는다.

| 원칙 5 | 추가 매수 시 투자 규모는 이전과 동일한 규모로 한다.

| 원칙 6 | 추가 매수는 이전 매수한 원/달러 환율보다 3원 이상 하
락했을 때 한다.

| 원칙 7 | 장기 투자용 달러는 달러 정기 예금에 넣어두거나 미국
월 배당 ETF 등에 투자한다.

그럼 이 7가지 원칙을 하나씩 자세히 살펴보자.

| 원칙 1 | 레버리지는 절대 사용하지 않는다

주식에 투자할 때도 마찬가지이지만, 달러에 투자할 때 특
별히 주의해야 할 것이 있다. 어떠한 경우에도 레버리지를 사
용해서는 안 된다는 것이다. 달러 투자의 경우 주식처럼 증권
사를 통한 신용이나 미수 같은 레버리지 사용은 원천적으로 차
단되기는 하지만, 신용 대출 등의 단기성 자금이나 원화로 지
급해야 하는 비용으로 투자해서는 안 된다. 오로지 자신에게
있는 현금 100%를 총 투자금으로 해야 한다.

나는 주식 대신 달러를 산다

달러는 곧 현찰처럼 사용할 수 있지만, 이를 환전하는 과정에서 손실이 확정될 수도 있다. 더욱이 매수한 달러로 미국 주식 등에 투자하다가 갑자기 원화가 필요한 상황이 발생하면 환차손뿐 아니라 주식 투자 손실까지 확정시켜야 하는 의도치 않은 일이 발생할 수도 있다. 따라서 짧게는 1년, 길게는 5년까지 출금하지 않아도 되는 여유 자금으로 투자하라. 세븐 스플릿 투자 시스템을 가동시키려면 단돈 100만 원이라고 해도 장기 투자가 가능한 자금이어야 한다. 마이너스 대출 등 최소 3년 이상 상환 연장이 가능한 은행 장기 대출도 투자금으로 사용할 수 있지만, 가능하면 여유 자금으로 시스템을 구축하길 권한다. 이것이 잃지 않은 안전한 투자의 기본일 뿐 아니라 나중에 투자금이 늘었을 때를 대비하는 일이기도 하다.

현시점에 투자금은 부족하지만 급여나 사업 소득 등 매월 발생하는 소득이 존재한다면 달러 투자를 적립식으로 설계하는 것도 좋다. 물론 원/달러 환율이 오르기만 한다면 추가 매수의 기회가 원천적으로 차단되겠지만, '사서 잃는 것보다 사지 않아 후회하는 것이 더 낫다'라는 생각으로 참고 기다리는 것이 훨씬 합리적인 선택이다. 앞에서 여러 번 언급했듯, 원/달러 환율은 박스권 안에서 움직이게 마련이므로 기다리다 보면 기회는 반드시 오게 되어 있다.

| 원칙 2 | 손절매는 하지 않는다

달러는 세븐 스플릿 투자 시스템을 효과적으로 가동시키기에 가장 좋은 자산이다. 변동성이 작고 가격이 비교적 안정적이기 때문이다. 주식 투자의 경우 '좋은 종목'을 선택해야 한다는 전제가 성립돼야 시스템이 정상적으로 작동한다. 하지만 달러 투자는 좋은 종목이 이미 있는 상태에서 투자가 시작되므로 달러 투자로 좋은 성과를 낼 수 없다면 주식 투자 역시 그 시스템이 성공적으로 작동될 수 없을 것이다.

주식 투자의 경우 세븐 스플릿이 가동되지 않는 상황이 발생하기도 하는데, 회사가 망하는 경우가 이에 해당한다. 상장 폐지처럼 투자 대상으로서 가치가 없어지면 시스템은 무력화된다. 하지만 달러의 경우에는 지속적으로 원/달러 환율이 하락하는 일은 있어도 그것이 '0'에 수렴하는, 즉 주식의 상장 폐지처럼 그 가치가 사라지는 일은 일어나지 않는다. 그러니 손절매를 하지 않으면, 비록 오랜 시간이 걸린다 해도 수익을 낼 수 있는 것이다.

| 원칙 3 | 최초 매수하는 달러의 가격은 달러 투자 데이터에 의한 '투자를 시작해도 좋은 상황'에 따라 정한다

세븐 스플릿 투자 시스템으로 주식에 투자하려면, 먼저 7개의 주식 계좌가 필요하다. 주식 거래 시스템, 즉 HTS나

MTS는 동일한 주식을 나누어 사더라도 자동으로 합쳐지기 때문이다. 또한 단일한 종목에 투자하는 것이 아니라 여러 개의 주식에 분산 투자해야 하므로, 어떤 종목을 얼마에 샀는지 일일이 기록하거나 기억해 내는 것은 무척이나 번거롭고 힘든 일이 아닐 수 없다. 그래서 생각해 낸 것이 계좌를 아예 분리해 버리는 것이었다. 하지만 달러 투자 시 굳이 실제로 계좌를 분리할 필요는 없다. 1월 1일에 1,200원에 달러를 산 후 1월 2일에 1,100원에 달러를 사게 되더라도 통장 거래내역에 기록으로 남을 뿐만 아니라, 간단한 메모만으로도 분리해 놓을 수 있기 때문이다. 예를 들어, 넘버1이 최초 매수를 한 후 추가 매수를 할 때마다 아래와 같이 메모해 두었다고 가정해 보자.

주체	원/달러 환율	매수 상황
넘버1	1,200원	1만 달러
넘버2	1,195원	1만 달러
넘버3	1,190원	1만 달러
넘버4	1,185원	1만 달러
넘버5	1,180원	1만 달러
넘버6	1,175원	1만 달러
넘버7	1,170원	1만 달러

　　매도할 때도 역시 이 메모만 확인한다면 어떤 달러를 얼마에 팔아야 수익이 나며 그 수익이 얼마가 될지 계산하는 것이

그리 어렵지 않을 것이다. 최초에 매수한 달러, 즉 넘버1이 매수한 달러는 투자의 기준점 역할을 하게 된다. 추가 매수를 전제로 투자를 시작하기 때문에 그 시작 가격이 너무 높으면 전체적인 매수 단가를 높이는 효과를 가져 온다. 따라서 달러 투자 데이터를 참고해 '투자의 시작점'을 최대한 낮추는 것이 매우 중요하다. 달러 투자는 달러를 너무 비싼 가격에 사지만 않으면 실패할 가능성이 매우 작지만, 너무 비싼 가격에 사면 치명적인 실패로 이어질 수 있다. 이러한 사실을 항상 염두에 두길 바란다.

| 원칙 4 | 최초 매수하는 달러의 투자 규모는 총 투자 규모의 5%를 넘기지 않는다

세븐 스플릿은 매매 방법이 아니라 투자 시스템을 구축하는 일이다. 따라서 투자 자금의 규모가 늘어나더라도 목표 수익률이 낮아지는 오류를 최소화하는 것이 중요하다. 최초에 매수하는 달러의 투자 규모는 다음의 추가 매수에도 큰 영향을 끼치므로 그 규모를 적정하게 정하는 것이 매우 중요하다. 내가 권장하는 투자 규모는 최초 매수 달러가 전체 투자 규모 대비 5%를 넘지 않는 선이다.

예를 들어, 총 투자금이 1억 원이라면, 최초로 매수하는 달러 투자의 규모는 이의 5% 미만인 500만 원 이하로 정하는 것이다. 이는 향후 20회 이상 추가 매수가 가능하다는 이야기이기도 하다. 세븐 스플릿은 기본적으로 최초 매수한 원/달러 환율에서 일정한 비율을 넘어 하락했을 때 추가 매수하는 방식으로 구성되어 있으므로 최초 투자 규모가 너무 크면 이후의 추가 매수 시에도 영향을 미치게 된다.

| 원칙 5 | 추가 매수 시 투자 규모는 이전과 동일한 규모로 한다

세븐 스플릿의 기본 원리는 매수 시에도 나누어 사고, 매도 시에도 나누어 파는 것이다. 이 시스템을 통해 돈을 벌려면 박스권 안에서 등락을 거듭하는 원/달러 환율에 따라 계속 수익을 실현해야 한다. 이러한 관점에서, 달러 투자는 장기 투자보다는 단기 트레이딩에 더 적합한 투자라고 할 수 있다. 따라서 수익의 크기보다 수익의 실현에 중점을 두는 것이 좋다. 또한 너무 빠르게 추가 투자를 진행해 모든 달러가 장기 투자되는 일을 방지하기 위해서라도 추가 매수 시의 매수가 차이는 크면 클수록 안정적이다. 단, 매수가 차이가 너무 크면 단기 트레이딩의 기회를 포착하는 것이 쉽지 않으므로 변동성이나 시장의 방향에 따라 이를 효율적으로 조절할 필요가 있다.

초보 달러 투자자에게 권하는 추가 매수 시점은 다음과 같다. 넘버1이 최초 매수 후 원/달러 환율이 3원 정도 하락했을 때 넘버2가 매수하고, 넘버2가 달러당 3원의 손실을 입었을 때 넘버3이 매수하는 식이다. 투자자라면 그것이 주식이든 달러든 가격이 '박스권'에 갇힌 상황을 달가워하지 않을 것이다. 수익권이 아닌 가격대에서 가격이 박스에 갇혀 버리면, 결국 투자자는 인내심을 잃고 손절매라는 최악의 수를 두게 될 가능성이 커진다. 하지만 세븐 스플릿 투자 시스템하에서는 이 박스권이 수익 실현의 기회가 된다. 투자해 놓은 여러 달러들 중 적어도 하나는, 팔면 원/달러 환율이 내리고 사면 원/달러 환율이 오르는 최고의 경험을 계속 누리게 될 테니까.

추가 매수 기회가 왔을 때 하나 더 고려해야 할 것은 추가 매수 여부다. 이때는 타이밍을 지키지 않아도 된다. 이전에 산 달러보다 3원 이상 하락할 때 추가 매수하기로 마음먹었다고 해서 꼭 그 '3원'이란 기준을 지킬 필요는 없다. 타이밍을 맞추지 못해 환율이 10원 하락했을 때 추가 매수할 수도 있기 때문이다. 종목에 따라, 시장 상황과 이슈에 따라, 매수 타이밍을 더 늦춰도 괜찮다. '이전 계좌의 손실이 달러당 3원 이상이 되면 추가 매수를 고려하겠다'라는 마음만 먹고 있으면 되지, 실행하지 못했다고 해서 큰일이 나는 건 아니다. 한마디로, 추가 매수할 수 있는 시점은 원칙을 따르되, '더 하락하고 나서 살지'와 '추가 매수를 아예 하지 않을지'에 대한 판단은 그저 추가 매수의 기회를 얻은 투자자에게 달렸다.

환율 하락으로 추가 매수의 기회를 얻게 되더라도 투자자

나는 주식 대신 달러를 산다

는 싸게 살 수 있는 기회와 사지 않을 권한을 동시에 갖게 되는 셈이다. 그리고 이는 원/달러 환율의 연속 하락 상황에서 사지 않아서 얻게 되는 이익을 별다른 인내심 없이도 얻을 수 있는 좋은 방법이 될 것이다.

| 원칙 6 | **추가 매수는 이전 매수한 원/달러 환율보다 3원 이상 하락했을 때 한다**

세븐 스플릿 달러 투자 시스템의 추가 매수는 주식 투자의 이른바 물 타기와 전혀 다른 개념이다. 물 타기는 이미 매수한 종목이 하락했을 경우 평균 단가를 낮추기 위한 것이 목적이지만, 세븐 스플릿 달러 투자 시스템의 추가 매수는 '달러를 더 싸게 사는 것'이 목적이다. 넘버1이 100만 원을 투자했는데 최초 매수한 달러의 환율이 3원 이상 하락했을 경우, 넘버2는 넘버1이 산 환율보다 3원 싸게 해당 달러를 매수할 기회를 얻은 것이다. 따라서 평균 단가를 낮추기 위해 최초 매수한 물량보다 더 많은 돈을 투자할 이유가 전혀 없다. 마찬가지로 넘버2가 산 달러가 달러당 3원 정도 하락했을 때 넘버3은 넘버1이 산 달러보다 6원이나 싸게 달러를 갖게 되었다고 생각하면 된다.

이렇듯 달러를 나누어 사고 나누어 팔면, 그저 새롭게 달러를 추가 매수하는 상황만 고려하면 되므로 저절로 마인드 컨트롤이 되는 신기한 경험을 할 수 있다. 넘버1과 넘버2에겐 슬

폰 일이지만 넘버3에게는 좋은 기회가 되는 것이다. 이는 나중에 수익을 실현하는 상황에서도 동일하게 작용된다. 넘버3이 달러를 추가 매수한 뒤 3원의 환율 반등이 일어난 경우 넘버1과 넘버2는 여전히 손실 상황에서 괴로워하고 있겠지만, 넘버3은 달러당 3원의 수익을 감사하게 생각하며 과감하게 수익을 실현할 것이다. 이러한 상황이 발생하는 순간, 달러 투자는 온전히 투자자의 손아귀에 들어오게 된다. 이제는 환율이 올라도 좋고 떨어져도 좋은 상황이 되기 때문이다. 투자자는 그 어떤 환율 변동에도 동요 없이 투자를 지속할 수 있는 힘을 얻게 될 것이다.

| 원칙 7 | **장기 투자용 달러는 달러 정기 예금에 넣어두거나 미국 월 배당 ETF 등에 투자한다**

주식 투자를 세븐 스플릿 투자 시스템에 따라 할 경우, 최초 매수 계좌인 넘버1은 장기 투자용 계좌로 이용하게 된다. 하지만 달러 투자의 경우 최초로 달러를 매수하는 넘버1은 그냥 '처음에 산 달러'일 뿐이다. 주식 투자에서는 종목이 여러 개이기에 넘버1의 투자 비중이 자연스럽게 커지지만, 달러 투자 시엔 다른 계좌들과 비슷하거나 오히려 적은 것이 좋다. 비쌀 때 많이 살 필요는 없을 테니 말이다. 달러 투자에서는 가격의 상방이 뚜렷해 장기 투자의 행위가 수익률에 큰 도움이 되

지 않을 수 있으므로 '장기 투자용 달러'라는 것이 별도로 존재하지 않는다. 하지만 달러 투자를 리스크 헤지 수단으로 생각하는 경우엔, 얘기가 조금 달라진다. 1997년 IMF 외환 위기, 2008년 세계 금융 위기 그리고 2020년의 코로나19 사태 등에서 알 수 있듯, 국내·외 경제 위기 상황에서는 원화보다는 달러의 효용성이 훨씬 크다. 즉 위험에 대비한다는 차원에서 일정량의 달러를 보유하는 건 매우 현명한 방법이다.

위험에 대비한 달러가 꼭 비싼 가격에 산 달러일 필요는 없다. 실제로 나는 2018년에 비교적 낮은 1,060원대에 산 달러를 현재까지도 보유 중이다. 해당 달러는 2020년 3월 환율이 1,300원까지 치솟았을 때도 수익을 실현하지 않았다. 왜냐고? 사실 현찰 달러나 전신환의 형태였다면 곧바로 수익 실현했을 텐데, 당시에 미국 주식에 투자된 상태였기에 그러지 못한 것이다. 하지만 해당 달러는 미국 월 배당 ETF에 투자되어 매월 달러 현금흐름을 만들어 주었다. 무슨 뜻인가? 장기 투자용 달러는 현금이 아닌 미국 주식이나 미국 부동산 같은 이른바 달러 표시 자산으로 보유하고 관리하면 된다는 이야기다.

투자 시스템의 유익

세븐 스플릿은 성공적인 달러 투자를 가로막는 '나'를 통제하고자 만들어 낸 투자 시스템이다. 단순히 잘못된 매매 패턴을 바꾸어보려 했던 작은 시도가 이토록 많은 것을 긍정적인 방향으로 바꾸게 될 줄은 몰랐다. 지금까지 경험한 세븐 스플릿 투자 시스템의 장점을 나열하면 다음과 같다.

분할 매수

기본적으로 최초 매수한 달러보다 원/달러 환율이 하락해야 추가 매수하는 것이 가능하므로, 자연스럽게 안정적으로 분할 매수하게 된다. 추가 매수 투자금 규모는 최초 매수 투자금 규모를 넘어설 수 없다는 원칙에 따라, '뇌동 매매(독자적이고 확실한 시세 예측에 의한 것이 아닌, 시장 분위기나 그저 다른 투자자의 움직임에 편승해 매매하는 것)' 또한 원칙적으로 차단된다.

분할 매도

손절매를 하지 않는다는 원칙을 따르면, 원/달러 환율의 폭락은 추가 매수의 기회일 뿐이다. 나는 폭락 상황에서 매수해야 하고 폭등 상황에서는 매도해야 한다는 아주 기본적인 가치 투자 원칙을 알고 있었지만 실제로 그런 상황이 되자, 공포와 탐욕으로 인해 도저히 이를 지킬 수 없었다. 하지만 세븐 스플릿 투자 시스템에서는 아주 자연스러운 매매 패턴이 되었다. 이에 더해 손절매를 하지 않는다는 원칙은 손절매를 할 만큼 확신이 서지 않는 가격대에서는 자연스럽게 매수하지 않게 되는 바람직한 투자 습관까지 갖게 해준다.

현금 투자 비중

이전에 투자한 것보다 환율이 최소 달러당 3원 이상 하락했을 때 추가 매수한다는 원칙을 따르다 보면 자연스럽게 원화 현금이 확보된다. 원/달러 환율이 하락해야만 달러의 추가 매수를 통해 원화 현금 비중이 낮아지고, 원/달러 환율이 상승해야만 달러의 수익 실현을 통해 원화 현금 비중이 높아진다. 이는 달러를 쌀 때 사서 비쌀 때 파는 아주 바람직한 투자 패턴을 가능하게 만든다.

투자 멘탈

'장기 투자는 좋고 단기 투자는 나쁘다'와 같은 개념은 불필요하다. 그저 '목표 수익률을 달성하는 것이 좋고 목표한 수익률을 달성하기도 전에 포기하는 것은 나쁘다'라는 개념만 가져가면 된다. 목표 수익률을 달성하는 데까지는 많은 시간과 인내가 필요하기에, 성공적인 투자와 장기 투자가 동일시되는 것일지도 모르겠다.

성공적인 투자를 위한 요건 중 하나는, 시간을 자신의 편으로 만드는 것이다. 하지만 이것이 힘든 건 인내, 즉 욕망과 공포를 참아내야 하는데 이런 상황에서 장기 투자를 하려면 어마어마한 내공과 경험이 수반되어야 하기 때문이다. 이러한 관점에서 세븐 스플릿의 투자 시스템은 자아 분열을 통해 욕망과 공포를 동시에 제어할 수 있는 좋은 방법이다. 수익을 실현하고 싶은 욕망은 단기 트레이딩을 통해 해결하고, 환율 하락에 대한 공포는 추가 매수 여력이 충분한 분할 매수 대기 자금으로 극복할 수 있으니 말이다.

가치 투자

　가치 투자가 어려운 것은, 가치 투자를 했다고 생각한 대상에 대한 확신이 부족하기 때문이다. 달러 투자의 경우 투자 대상에 대한 확신은 시장 분석력에서 나온다. 이는 투자한 가격이 적정한지 가늠하는 것이라고 할 수 있는데, 보통의 평범한 투자자에게 있어 이러한 분석은 무척이나 어려운 일이다.

　일반적이고 평범한 개인 투자자가 달러의 가치를 파악하고 대응해 나가기는 매우 힘들다. 이는 가치에 대한 분석력이 부족하면 가치 투자를 할 수 없다는 의미이기도 하다. 나는 이러한 어려움을 분할 매수, 분할 매도라는 방법으로 해결했다. 덕분에 투자 대상의 가치에 대한 정확한 분석이나 미래에 대한 통찰력이 부족해 가격을 예측하지 못하더라도, 투자 대상에 대한 확신을 유지할 수 있었다.

돈이 일하게 하라

나는 달러 투자로 큰돈을 벌었다. 하지만 이를 통해 얻은 것이 그뿐만은 아니다. 달러 투자를 통해 절대 돈을 잃지 않는 안전한 투자의 이치를 깨달았다는 것이 가장 큰 유익이다.

달러 투자의 약점은 종목이 단 하나뿐이라는 것이다(물론, 이는 따로 종목을 선정할 필요가 없다는 점에서 큰 장점이기도 하다). 가격이 너무 많이 오르면 투자 대상으로서의 메리트가 사라지기에 지속적인 수익 추구가 어렵다. 하지만 이 약점 덕분에 나는 달러 투자의 개념을 주식 투자에도 적용하기로 마음먹었고, 이는 매우 성공적인 결과로 돌아왔다. 달러처럼 안전한 주식이라면 달러처럼 안전하게 수익을 낼 수도 있다는 것이니까.

또한 달러 투자를 통해 달러와 원화를 동시에 가지고 있으면 원/달러 환율이 하락하든 상승하든 그 어느 순간에도 수익을 낼 수 있는, 이른바 '롱숏Long-Short 전략'으로 안정적인 수익 추구가 가능하다. 그래서 나는 이를 주식 투자에도 적용했다. 우리나라의 주식 시장은 외국인 투자자의 투자 동향이 주가 등락에 미치는 영향이 상당하므로 원/달러 환율이 상승하면 주가가 하락하고 환율이 하락하면 주가는 상승하는 경우가 많다. 따라서 이처럼 반대로 움직이는 자산에 동시에 투자함으로써 수익을 추구하는 롱숏 전략을 구사하기에 달러와 주식은 더없이 좋은 투자 대상이다. 나는 두 자산의 이러한 특성을 활용해 주식 투자와 달러 투자를 병행함으로써 안전한 투자를 할 수 있었다.

특히나 이 같은 투자 전략은 코로나19로 인해 우리 주식 시장이 엄청나게 폭락했을 때 큰 위력을 발휘했다. 2020년 1월, 2,000선에 머물러 있던 코스피 지수가 단 몇 개월 만인 2020년 3월에는 1,400포인트까지 폭락하면서 주식 시장은 그야말로 아비규환의 상황이 되었다. 내 주식 계좌 또한 이 위기에서 예외는 아니었다. 하지만 2020년 1월, 1,050원 수준이던 원/달러 환율이 약 3개월 만에 1,300원까지 치솟으면서 나는 달러로 큰 수익을 낼 수 있었다.

달러 투자로 돈을 벌었지만 주식 투자로는 돈을 잃었으니

나는 주식 대신 달러를 산다

결국 아무것도 아니지 않으냐 의문이 들 수 있다. 하지만 주식 투자에서도 나는 '실현하지 않은 손실은 확정된 것이 아니다'라는 마인드로 기다린 끝에 2020년 말 코스피 지수가 원래의 2,000 수준을 회복하는 것을 넘어 사상 최고치를 경신함에 따라, 주식 투자로도 큰돈을 벌었다.

달러 투자를 주식 투자와 병행하면 이처럼 일종의 투자 헤지 수단으로 활용할 수 있다. 또한 거시적인 경제 흐름에 대한 이해도 또한 높아지므로 스마트한 주식 투자가 가능해진다. 주가가 오를 때는 주식을 팔아 달러를 사고, 달러가 오를 때는 달러를 팔아 주식을 사는 일을 반복하다 보면 '돈이 일하게 하라'라는 말을 그 누구보다도 잘 실천할 수 있다. 현금이 달러 상태로 있을 때는 달러 투자와 동시에 그 달러로 미국 주식을 사면 해외 주식 투자까지 할 수 있고, 원화 상태로 있을 때는 원화 투자와 동시에 원화로 한국 주식을 사면 국내 주식 투자도 할 수 있다. 그야말로 돈에게 도무지 쉴 틈을 주지 않는 투자 시스템이 구축되는 것이다.

나는 달러 투자가 세상에서 가장 쉬운 투자라고 말했다. 여기에는 그다음의 투자 과정에도 관심을 기울이라는 의미가 담겼다. 달러 투자를 통해 투자 자산의 가치에 관한 개념을 정립한 후 결코 돈을 잃지 않는 안전한 투자의 메커니즘을 체득한다면, 이보다 더 난도 높고 리스크도 큰 주식 투자를 할 때도 큰 도움이 될 것이다.《나는 주식 대신 달러를 산다》라는 책 제목 때문에 오해가 생길 수 있지만, 나는 달러 투자를 시작으로 주식 투자로 그 범위를 넓혀가야 한다고 생각한다. 수익률을 높이기 위해서다. 달러는 시작점이다. 달러 투자로 수익을 만들어 낼 수 없다면 그다음의 과정으로 나아가는 것도 깊이 고민해 봐야 한다. 반면 달러 투자로 수익을 내기 시작했다면 그다음 주식 투자로도 같은 결과를 얻을 가능성이 매우 크다.

내가 그랬던 것처럼 말이다.

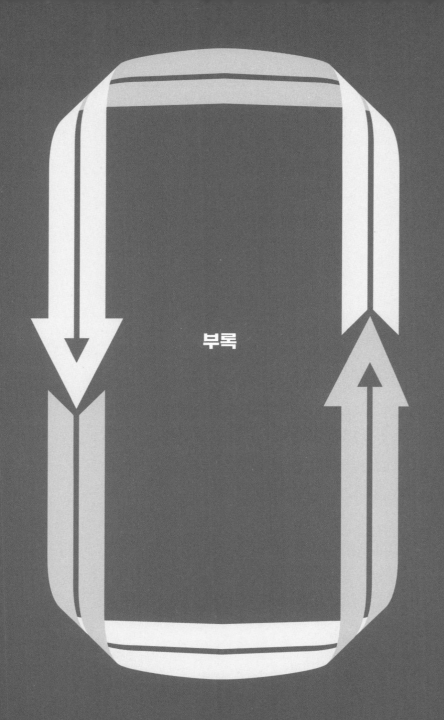

부록

수익 극대화를 위한
미국 월 배당 ETF

현재 내가 투자하고 있는 미국 월 배당 ETF 종목을 공개하고자한다. 이 중에는 매수 시점에 비해 주가가 크게 상승해 수익을실현한 후 다른 저평가 종목으로 갈아타려고 하는 종목도 있고,최초의 투자 아이디어가 제대로 작동되지 않아 매도를 고려 중인 종목도 있다. 한마디로, 투자처로 추천하는 종목은 아니라는이야기다. 그런데도 이를 담는 것은 독자들이 월 배당 ETF에투자할 때 내가 어떤 근거로 투자했는지, 배당 수익률은 어떻게변화했는지, 어떠한 종목으로 포트폴리오를 구성했는지를 참고하면 도움이 될 것 같아서다.

참고로 미국 월 배당 ETF에 투자할 때는 15.4%의 배당 소득세가 발생하며, 금융 소득이 연간 2,000만 원이 넘을 경우에는 금융소득 종합과세에 포함된다. 금융소득 종합과세의 경우 부부 합산이 아닌 개인별 과세이므로, 월 배당 ETF로 현금흐름 창출 계획을 세울 때는 이를 고려해 절세 방안도 마련하자.

만약 어느 부부가 배당 소득세를 제외하고 연간 수익률 약 4% 기대할 수 있는 월 배당 ETF에 10억 원을 분산 투자한다면, 매월 333만 원 정도의 배당 수익을 얻을 수 있다. 애초에 내가 경제적 자유를 달성하기 위해 세운 목표가 월 300만 원 정도의 현금흐름 창출이었는데, 따라서 월 배당 ETF가 이 목표에 적합한 투자 대상이라고 생각했다. 실제로 투자 중인 20개의 미국 월 배당 ETF의 배당 수익률은 15.4%의 배당 소득세를 제외하고도 약 4.5~5%이다.

하지만 미국 월 배당 ETF 역시 개별 주식 정도는 아니더라도 시장 상황에 따라 변동성이 커질 수 있으므로 분산 투자가 필수다. 매월 적금 붓듯 일정한 금액을 투자하면서 조금씩 돈을 모아간다는 개념으로 접근하면 변동성의 위험 없이 안정적인 현금흐름 창출 시스템을 구축할 수 있을 것이다.

내가 현재 투자하고 있는 미국 월 배당 ETF는 일반적인 회사의 주식을 그 기초 자산으로 하는 것도 있고, 배당 수익률

나는 주식 대신 달러를 산다

이 높은 우선주나 회사채, 채권처럼 여러 종류의 자산을 기초로 하는 ETF도 있다. 이 같은 분산 투자로 안정성을 확보하려는 의도다. 심지어 같은 기초 자산을 추종하는 ETF라고 해도 운용사를 분산시키는 방법으로 투자 안정성 극대화를 꾀했다.

나는 미국 월 배당 ETF 투자 시 다음 몇 가지 사항을 반드시 살펴본다. 해당 정보는 사용 중인 HTS나 MTS, 혹은 디비던드닷컴dividend.com이나 네이버주식stock.naver.com 등의 ETF 정보 사이트에서 확인할 수 있다.

미국 월 배당 ETF 투자 전 체크리스트

자산

ETF의 자산은 해당 ETF의 운용 규모인 동시에 안정성의 지표이기도 하다. 그 규모가 크면 클수록 안정적이라고 할 수 있다. 참고로 나스닥100 지수를 추종하는 대표적인 미국 ETF QQQ의 자산은 약 1조 4,700억 달러(약 1,607조 원)이다. 나는 자산 규모가 최소 50억 달러(약 5조 5,000억 원) 이상인 ETF를 투자 대상으로 삼는다. 하지만 내가 투자하고 있는 종목 중 하나인 VTC의 경우에는 자산 규모가 7억 달러(약 7,700억 원) 정도에 불과하다. 일정 규모 이상의 자산이 운용되는 ETF에 투자하겠다는 기준을 세우기 전에 투자했기 때문이다.

설정일

해당 ETF의 운용이 처음 시작된 때를 설정일이라고 하는데, 그 기간이 오래될수록 운용사가 안정적이라고 할 수 있다. 특히 설정일이 2008년 금융 위기 이전이라면 2020년 코로나 19발 세계 경제 위기를 포함해 총 2번의 커다란 위기에도 잘 버텨 낸 ETF인 셈이다. 참고로 QQQ의 설정일은 1999년 3월 10일로, 역사가 상당히 오래되었다.

내가 현재 투자하고 있는 월 배당 ETF 중 역사가 가장 오래된 것은 설정일이 2004년 12월인 PEY이며, 역사가 가장 짧은 것은 설정일이 2017년 11월인 VTC다. VTC는 앞서 언급한 자산 규모 기준에도 못 미치지만 설정일만 봐도 안정성이 떨어진다는 걸 알 수 있다. ETF에 대한 공부를 하기 전과 후의 종목 선택에 어떠한 차이가 있는지 알 수 있을 것이다.

운용 보수율

배당 수익률이 높은 월 배당 ETF는 운용사에서 가져가는 운용 보수율이 비교적 높은 편이다. 내가 현재 투자하고 있는 월 배당 ETF 중 하나인 FPE의 경우 운용 보수율이 0.85%에 달하는데, QQQ의 운용 보수율이 약 0.2%인 것과 비교하면 상당히 높은 수준임을 알 수 있다. 하지만 QQQ의 배당 수익률은 0.55%에 불과하지만 같은 기간 FPE의 배당 수익률은 5% 정도였으니, 그 정도의 보수율을 부담할 이유는 충분하다. 그럼에도 일반적인 기준으로 세우자면, ETF의 보수율은 0.5% 이하가 적당하며, 최대 1% 이상은 넘지 않는 종목에 투자하는 것이 안전하다.

참고로, 월 배당 ETF의 운용 보수율은 증권 거래세나 배당 소득세처럼 시세차익이나 배당 수익에서 따로 차감하는 형태가 아니고, 해당 ETF의 주가에 이미 반영되어 있는 형태. 실제 내가 경험한 바로는 투자 시에 크게 신경이 쓰일 정도는 아니었다.

배수

배수가 '100'이면 일반적인 ETF라고 생각하면 된다. 하지만 QQQ의 3배 레버리지 ETF인 TQQQ의 경우 배수가 '300'으로 표기되어 있다. 레버리지 ETF 투자의 위험성에 관해서는 앞에서 설명한 바 있으니 다시 이야기하진 않겠다. 다만 1가지만 더 첨언하면, 앞서 투자와 도박을 '손실의 확정 권한이 누구에게 있느냐?'로 가를 수 있다고 설명했는데, 레버리지 ETF는 같은 이유로 투자를 도박으로 바꿀 수 있는 상품이라고 할 수 있다. 2배 레버리지 ETF의 경우에는 50% 이상의 하락 이벤트 발생 시 원금이 0에 수렴하며 손실의 확정 권한을 빼앗기게 되고, 3배 레버리지 ETF의 경우에는 대략 34% 이상의 하락 이벤트 발생 시 투자 원금을 모두 잃게 되기 때문이다.

레버리지 ETF와 함께 절대로 투자해서는 안 되는 것이 인버스 ETF다. QQQ의 인버스 ETF인 SQQQ의 경우 ETF 정보의 배수가 '-300'으로 표기되어 있다. 배수의 크기에서도 알 수 있듯, SQQQ는 인버스 ETF인 동시에 3배짜리 레버리지 ETF로 초보 투자자라면 쳐다보지도 말아야 할 ETF다.

배당 수익률과 배당 주기

내가 현재 투자하고 있는 미국 월 배당 ETF의 주요 투자 목적은 시세차익이 아니다. 만약 시세차익을 목적으로 미국 주식에 투자하고 싶다면, 개별 주식이나 성장성 ETF에 투자하는 것이 바람직하다. 미국 주식에 투자하고자 원화로 달러를 매수하는 경우도 있지만, 나는 미국 주식 투자가 주된 목적이 아니기에 이는 달러 투자를 보다 효율적으로 하기 위한 일종의 예비책이라고 할 수 있다. 그렇다 보니 공격적인 투자보다는 일종의 기회비용 보전 차원에서 헤지 성격의 안정적인 투자를 선호한다. 배당 주기 또한 분기나 연 단위가 아닌 월 단위로 배당금을 지급해 주는 ETF가 내게 더 적합한 이유다.

예를 들어, 달러 투자 후 원/달러 환율이 약 5%가량 하락하는 이벤트가 발생한 경우, 해당 달러를 금고에 보관해 놓고 무작정 기다리기만 한다면 수익률도 문제이지만, 투자 기간이 길어지면서 이를 견뎌낼 인내심 또한 바닥날 수 있다. 하지만 해당 달러를 미국 월 배당 ETF에 넣어두고 매월 임대 수익을 얻듯 수익을 창출해 간다면, 수익과 인내심 등의 문제를 모두 해결할 수 있다. 단, 비교적 장기적인 투자 기간이 소요되는 시세차익형 투자나 분기 혹은 연 배당주 투자를 할 때는 원하는 매도 타이밍을 잡는 것이 쉽지 않다는 것이 단점이다. 원/달러 환율이 크게 상승해 달러를 매도해야 하는 상황에서 한 달 만 더 기다리면 얻을 수 있는 연 배당 수익을 포기하게 된다면, 달러 투자 수익은 낼 수 있어도 위험까지 감수하고 투자했던 ETF 투자 수익은 사라질 수도 있기 때문이다.

이와 같은 이유로 나는 주가 변동성이 작고 매월 배당금을 지급해 주는 미국 월 배당 ETF가 달러 투자를 위한 ETF 투자에 적합하다고 생각했다. 그리고 연 4% 이상의 배당 수익을 얻을 수 있는 ETF들로 월 배당 ETF 포트폴리오를 구성했다.

참고로, 월 배당 ETF의 배당 수익률은 연 단위로 표시되므로 해당 수익률을 12개월로 나누어 계산하면 한 달 후에 받을 배당금 수익이 얼마인지 알 수 있다. 미국 월 배당 ETF 투자의 가장 큰 목적은 배당 수익 창출이므로 배당 관련 자세한 사항은 미리 확인해 보는 것이 중요하다. 월별로 배당 공시일(발표일), 배당락일, 배당 기준일, 지급일, 배당금 등의 정보를 직접 확인해야 한다. 다음은 키움증권 영웅문S글로벌 HTS에 나와 있는 QYLD의 배당 정보다.

배당 기준일인 2020년 11월 24일까지 QYLD를 보유하고 있으면 2020년 12월 2일에 주당 0.2229달러를 수령할 수 있다는 것을 알 수 있다. 또한 표에는 나오지 않지만, 배당 기준일 당시 QYLD 주가는 종가 기준으로 22.36달러 정도였으니 월간 배당 수익률은 약 0.997%, 연간 배당 수익률은 이를 12개월로 곱한 11.96% 정도다.

운용사

ETF는 개별 주식이나 투자 자산의 집합체이므로 비슷한 성격과 규모의 ETF가 여러 개 존재하기도 한다. 이럴 때는 이왕이면 좀 더 우량하고 규모가 있는 운용사에서 만든 ETF에 투자하는 것이 투자 안정성을 높이는 방법이 될 수 있다. ETF의 종목명을 보면 운용사를 알 수 있는데, 대개는 운용사의 이름이 맨 앞쪽에, 보유한 주식의 섹터나 추종하는 지수 표시가 그 뒤에 붙는다. 예를 들어, QQQ의 종목명은 'INVESCO QQQ TRUST'인데, 맨 앞쪽에 위치한 'INVESCO'가 운용사라는 뜻이다.

운용사는 주식이나 채권을 매매하고 펀드를 관리하는 회사를 말하는데, ETF 역시 펀드의 한 형태이므로 이 같은 자산 운용사에서 만들고 관리한다. 보다 효율적인 미국 ETF 투자를 위해서는 각 운용사의 운용 자산 규모와 ETF 브랜드를 알고 있는 것이 도움이 된다. 참고로, ETF 종목명에 INVESCO처럼 운용사의 이름을 사용하기도 하지만, BlackRock처럼 해당 운용사의 ETF 브랜드인 'iShares'를 사용할 때도 있다. 미국의 ETF 시장 점유율 중 80%를 BlackRock, Vanguard Group, State Street Global Advisors 이 3사가 차지하고 있으므로 운용 자산 규모 상위 10개 운용사 정도만 알고 있어도 미국 ETF 투자에 유용하게 활용할 수 있을 것이다.

순위	ETF 운용사	ETF 브랜드	운용 자산 규모
1	BalckRock	iShares	약 1조 667억 달러
2	Vanguard Group	Vanguard	약 6,838억 달러
3	State Street Global Advisors	SPDR	약 5,476억 달러
4	Invesco	PowerShares	약 1,195억 달러
5	Charls Schwab	Schwab	약 688억 달러
6	Frist Trust	Frist Trust	약 455억 달러
7	Wisdom Tree	Wisdom Tree	약 422억 달러
8	VanEck	Market Vectors	약 350억 달러
9	Guggengeim	Guggengeim	약 345억 달러
10	ProShers	ProShers	약 272억 달러

─────── **내가 투자 중인 미국 월 배당 ETF 20** ───────

월 배당 우선주 ETF

다음 ETF들의 종목명을 살펴보면, 공통적으로 등장하는 단어를 발견할 수 있을 것이다. 바로 'PREFERRED'라는 단어다. 이 단어가 들어간 ETF의 주요 자산은 '우선주'라고 생각하면 된다.

PGX(INVESCO PREFERRED ETF)

PGF(INVESCO FINANCIAL PREFERRED ETF)

PFF(ISHARES US PREFERRED STOCK ETF)

나는 주식 대신 달러를 산다

PSK(SPDR WELLS FARGO PREFERRED STOCK ETF)

PFXF(VANECK VECTORS PREFERRED SECURITIES EX)

FPE(FIRTSTRUST PREFERRED SECURITIES AND INC)

　　우선주는 보통주에 비해 특정한 우선권을 부여한 주식으로, 주주총회에서 의결권을 행사할 수 없는 대신 보다 높은 배당률의 배당 수익을 보장해 주는 주식을 말한다. 삼성전자의 경우 보통주로 이루어진 '삼성전자'의 배당 수익률이 1.92% 정도인데, 우선주로 이루어진 '삼성전자우'의 배당 수익률은 이보다 약간 높은 2.04% 정도다. 삼성전자는 그리 큰 차이는 아니지만 종목에 따라 배당 수익률 차이가 큰 종목들도 있다. 예를 들어, LG화학의 경우 보통주의 배당 수익률이 0.24%일 때 우선주는 0.54%로 2배 이상 차이가 난다.

　　참고로, 나는 국내 개별 주식 투자의 경우 우선주보다는 보통주에 투자하는 것을 더 선호하는데, 일반적으로 보통주가 우선주보다 주식 수가 많고 그에 따라 거래량도 더 많아서 변동성이 크므로 배당과 시세차익을 동시에 추구하기에 적합하기 때문이다. 하지만 미국 월 배당 ETF 투자의 경우, 주주총회에서의 의결권은 쓸모가 없고 투자의 목적이 시세차익보다는 배당 수익에 더 가까우므로 우선주를 주요 자산으로 하는 ETF가 투자에 더 유리할 수 있다.

PGX(INVESCO PREFERRED ETF)

주가(달러)	15.1201	시가 총액(천 달러)	6,815,776
자산(달러)	68,218,902,804	설정일	2008-01-31
운용 보수율	0.52%	배수	100
배당 수익률	4.98%	배당 주기	월
운용사	Invesco		

PGF(INVESCO FINANCIAL PREFERRED ETF)

주가(달러)	19.05	시가 총액(천 달러)	1,833,562
자산(달러)	18,344,389,321	설정일	2006-12-01
운용 보수율	0.61%	배수	100
배당 수익률	4.9%	배당 주기	월
운용사	Invesco		

PFF(ISHARES US PREFERRED STOCK ETF)

주가(달러)	38.6472	시가 총액(천 달러)	18,637,612
자산(달러)	188,018,873,305	설정일	2007-03-26
운용 보수율	0.46%	배수	100
배당 수익률	4.76%	배당 주기	월
운용사	iShares		

나는 주식 대신 달러를 산다

PSK(SPDR WELLS FARGO PREFERRED STOCK ETF)

주가(달러)	43.67	시가 총액(천 달러)	1,393,073
자산(달러)	14,141,340,632	설정일	2009-09-16
운용 보수율	0.45%	배수	100
배당 수익률	5.16%	배당 주기	월
운용사	SPDR State Street Global Advisors		

PFXF(VANECK VECTORS PREFERRED SECURITIES EX)

주가(달러)	20.975	시가 총액(천 달러)	926,046
자산(달러)	9,268,022,421	설정일	2012-07-16
운용 보수율	0.44%	배수	100
배당 수익률	5.04%	배당 주기	월
운용사	VanEck		

FPE(FIRTSTRUST PREFERRED SECURITIES AND INC)

주가(달러)	20.32	시가 총액(천 달러)	6,269,838
자산(달러)	62,656,839,686	설정일	2013-02-11
운용 보수율	0.85%	배수	100
배당 수익률	4.83%	배당 주기	월
운용사	First Trust		

* 시가 총액, 주가 등의 데이터는 2021년 4월 9일 기준

월 배당 회사채 ETF

회사채는 회사가 자금을 융통하기 위해 발행하는 채권을 말한다. 국가에서 돈이 필요할 때 국채를 발행하듯, 주식회사도 돈이 필요하면 사채를 발행할 수 있다. 회사 입장에서는 은행 등의 금융기관에서 돈을 빌리는 것보다 낮은 이자율로 회사채를 발행해 자금을 조달할 수 있다는 것이 장점이며, 회사채에 투자하는 입장에서는 은행보다 높은 이자 수익률을 기대할수 있다는 것이 장점이다.

단, 원금이 보장되는 은행과는 달리 부도 위험에서 자유로울 수 없으므로 우량한 회사가 발행한 회사채에 투자해야 안정성을 확보할 수 있다. 회사채는 주식과 달리 일정하게 정한 이자 수익을 지급하는데 이러한 회사채를 자산으로 보유하고 있는 ETF는 이자 수익이 배당금 지급의 재원이라고 할 수 있다.

회사채 ETF들은 종목명에 'CORPORATE BOND', 즉 회사채라는 단어가 포함된다. 참고로 ETF 종목명에서 자주 볼 수 있는 'HIGH YIELD'라는 단어는 고수익을 뜻한다.

VTC(VANGUARD TOTAL CORPORATE BOND)

HYLB(XTRACKERS USD HIGH YIELD CORPORATE BOND)

HYS(PIMCO 0-5Y HIGH YIELD CORPORAT BOND)

SHYG(ISHARES 0-5Y HIGH YIELD CORPORATE BOND)

나는 주식 대신 달러를 산다

HYG(ISHARES IBOXX $ HIGH YIELD CORPORATE BOND)

VTC(VANGUARD TOTAL CORPORATE BOND)

주가(달러)	89.94	시가 총액(천 달러)	805,862
자산(달러)	803,712,000	설정일	2017-11-07
운용 보수율	0.05%	배수	100
배당 수익률	2.73%	배당 주기	월
운용사	Vanguard		

HYLB(XTRACKERS USD HIGH YIELD CORPORATE BOND)

주가(달러)	50.095	시가 총액(천 달러)	6,707,720
자산(달러)	6,804,765,516	설정일	2016-12-06
운용 보수율	0.2%	배수	100
배당 수익률	5.02%	배당 주기	월
운용사	Xtrackers		

HYS(PIMCO 0-5Y HIGH YIELD CORPORAT BOND)

주가(달러)	99.21	시가 총액(천 달러)	2,078,449
자산(달러)	20,794,945,706	설정일	2011-06-16
운용 보수율	0.56%	배수	100
배당 수익률	4.41%	배당 주기	월
운용사	PIMCO		

SHYG(ISHARES 0–5Y HIGH YIELD CORPORATE BOND)

주가(달러)	45.8	시가 총액(천 달러)	4,676,180
자산(달러)	46,622,229,932	설정일	2013-10-15
운용 보수율	0.3%	배수	100
배당 수익률	5.07%	배당 주기	월
운용사	iShares		

HYG(ISHARES IBOXX $ HIGH YIELD CORPORATE BOND)

주가(달러)	87.34	시가 총액(천 달러)	22,228,030
자산(달러)	228,931,934,135	설정일	2007-04-04
운용 보수율	0.49%	배수	100
배당 수익률	4.77%	배당 주기	월
운용사	iShares		

* 시가 총액, 주가 등의 데이터는 2021년 4월 9일 기준

월 배당 채권 ETF

앞에서 살펴본 회사채를 주요 자산으로 하는 ETF 외에도 EMLC처럼 신흥국 현지 통화 채권을 주요 자산으로 하는 ETF도 있으며, PCY처럼 이머징 마켓의 자산을 근간으로 하는 ETF 등 다양한 형태의 채권을 대상으로 투자하는 ETF들이 있다.

PCY(INVESCO EMERGING MARKETS SOVEREIGN DEBT)

주가(달러)	27.17	시가 총액(천 달러)	2,784,925
자산(달러)	27,659,223,051	설정일	2007-10-11
운용 보수율	0.5%	배수	100
배당 수익률	4.61%	배당 주기	월
운용사	Invesco		

EMLC(VANECK VECTORS JP MORGAN EM LOCAL CURRE)

주가(달러)	31.16	시가 총액(천 달러)	3,266,285
자산(달러)	32,561,795,810	설정일	2010-07-22
운용 보수율	0.36%	배수	100
배당 수익률	5.07%	배당 주기	월
운용사	VanEck		

SJNK(SPDR BARCLAYS SHORT TERM HIGH YIELD BON)

주가(달러)	27.35	시가 총액(천 달러)	4,195,490
자산(달러)	43,639,599,541	설정일	2012-03-14
운용 보수율	0.4%	배수	100
배당 수익률	5.12%	배당 주기	월
운용사	SPDR State Street Global Advisors		

JNK(SPDR BARCLAYS HIGH YIELD BOND ETF)

주가(달러)	109.07	시가 총액(천 달러)	10,631,555
자산(달러)	109,247,985,186	설정일	2007-11-28
운용 보수율	0.4%	배수	100
배당 수익률	5%	배당 주기	월
운용사	SPDR State Street Global Advisors		

* 시가 총액, 주가 등의 데이터는 2021년 4월 9일 기준

기타 월 배당 ETF

앞에서 살펴본 우선주 ETF, 회사채 ETF, 채권 ETF 외에도 월 배당 ETF의 종류는 다양하다. 현재 내가 투자하고 있는 미국 월 배당 ETF 중 하나인 PEY는 10년 연속 배당금이 증가한 수익률 상위 50개 기업들을 추종하는 ETF다. 오랜 기간 배당금이 증가했다는 것은 앞으로도 계속해서 증가할 가능성이 크다는 의미이며, 매출이나 이익 역시 계속해서 성장해 왔고 앞으로도 그럴 가능성이 크다고 볼 수 있을 것이다. 특정 산업군을 기준으로 구성된 ETF가 아닌 배당금 증가를 기준으로 구성된 ETF이다 보니, 금융, 유틸리티, 필수 소비재, 에너지 등 다양한 섹터의 종목이 고르게 분산 편입되어 있다.

이외에도 나스닥100 같은 특정 지수나 미국 국채. 리츠나 전 세계의 고배당주로 구성되는 다양한 ETF들이 있다. 그야말로 입맛대로 골라서 분산 투자해 놓으면 매월 안정적인 달러

현금흐름을 만들 수 있다는 얘기다.

PEY(INVESCO HIGH YIELD EQUITY DIVIDEND ACHI)

주가(달러)	20.39	시가 총액(천 달러)	896,752
자산(달러)	9,067,172,589	설정일	2004-12-09
운용 보수율	0.52%	배수	100
배당 수익률	3.69%	배당 주기	월
운용사	Invesco		

SPHD(INVESCO S&P 500 HIGH DIVIDEND LOW VOLAT)

주가(달러)	43.095	시가 총액(천 달러)	2,933,908
자산(달러)	29,515,803,221	설정일	2012-10-18
운용 보수율	0.3%	배수	100
배당 수익률	4.21%	배당 주기	월
운용사	Invesco		

MDIV(FIRTSTRUST MULTI-ASSET DIVERSIFIED INCO)

주가(달러)	16.38	시가 총액(천 달러)	474,201
자산(달러)	4,747,494,411	설정일	2012-08-13
운용 보수율	0.81%	배수	100
배당 수익률	5%	배당 주기	월
운용사	First Trust		

QYLD(GLOBAL X NASDAQ-100 COVERED CALL ETF)

주가(달러)	22.8	시가 총액(천 달러)	2,290,260
자산(달러)	23,218,731,506	설정일	2013-12-11
운용 보수율	0.66%	배수	100
배당 수익률	11.6%	배당 주기	월
운용사	Global X Funds		

SDIV(GLOBAL X SUPERDIVIDEND ETF)

주가(달러)	13.9	시가 총액(천 달러)	891,763
자산(달러)	8,933,782,571	설정일	2011-06-08
운용 보수율	0.59%	배수	100
배당 수익률	6.75%	배당 주기	월
운용사	Global X Funds		

＊시가 총액, 주가 등의 데이터는 2021년 4월 9일 기준

나는 주식 대신 달러를 산다

경제적 자유를 위한
미국 월 배당 리츠

나는 달러 투자를 통해 확보한 달러를 앞서 소개한 미국 월 배당 ETF뿐 아니라, 미국 월 배당 리츠에도 투자하고 있다. 투자 안정성 확보를 위한 분산 투자의 개념이라고 할 수 있는데, 리츠는 부동산을 그 주요 자산으로 하기 때문에 개별 주식에 비해 투자 안정성이 크고 월 배당을 지급하는 리츠의 경우에는 월 배당 ETF와 비슷한 구조로 달러 현금흐름 창출이 가능하다는 것이 특징이다.

리츠는 전문적으로 부동산에 투자하는 뮤추얼 펀드로, 투자자에게 안정적으로 수익을 배분하기 위해 주로 임대 수익이 발생하는 상업용 부동산을 투자 대상으로 삼는다.

리츠는 앞에서 소개한 ETF와는 달리 개별 주식의 형태로 존재하지만, 그 성격은 ETF에 더 가깝다고 할 수 있다. 다만 여기에 공개하는 종목 역시 내가 현재 투자하고 있는 것들이긴 하지만, 그렇다고 독자들에게 추천하는 것은 아니다. 나는 국내 주식은 물론 미국 월 배당 ETF나 미국 월 배당 리츠 역시 세븐 스플릿 투자 시스템을 통해 투자를 진행한다. 이렇게 하는 가장 큰 이유는, 종목에 대한 분석력이나 확신이 부족해서다. 그렇지 않다면 분할 매수와 분할 매도 전략보다는 한 번에 사서 한 번에 파는 투자가 훨씬 더 효과적일 것이다. 그러니 이렇게 공개하는 종목을 참고만 하고, 무조건 따라 하지는 않길 바란다.

리츠는 기본적으로 주식과 성격이 비슷하므로 주식 투자 시 살펴봐야 하는 여러 재무적인 사항을 파악하기 쉽다는 장점이 있다. 앞서 소개한 ETF의 경우 워낙 많은 종목과 지수를 추종하다 보니 PER이나 PBR 같은 투자 지표는 물론 구체적인 재무 상황을 파악할 수 있는 정보나 요소가 개별 주식 종목에 비해 제한적일 수밖에 없다. 하지만 리츠의 경우에는 개별 주식과 마찬가지로 기본적인 재무 지표들을 확인하는 것이 가능하다. 시가 총액을 통해 리츠의 규모를 파악하고, PER과 PBR을 통해 내재 가치와 주가의 괴리에 대한 판단도 할 수 있다. 특히 ROE와 ROA를 통해 주가의 적정성을 확인할 수 있는데, 리츠의 주 투자 목적이 시세차익보다 배당 수익 창출에 가깝고 적자 상태이거나 수익이 낮을 경우 안정적인 배당을 지급하는 데 한계가 있다는 점에서 볼 때, 안정적인 수익 창출이 가능한 리츠인지 따져보는 것이 매우 중요하다.

이 밖에도 주요 주주 구성을 확인해 보는 것도 투자할 리츠를 선정하는 데 도움이 된다. 리얼티 인컴Realty Income을 비롯한 대부분의 리츠들은 앞에서 소개했던 ETF 자산 운용사들이 주요 주주로 등재되어 있는 경우가 많다. ETF를 구성하는 데 있어 리츠를 종목에 편입하는 경우가 많다는 것은 리츠가 그만큼 안정적이라는 방증이기도 하다. 실례로 리얼티 인컴의

주주명	주식 수	비중
The Vanguard Group, Inc.	54,297,694	15.47%
State Street Global Advisors (US)	24,647,321	7.02%
BlackRock Institutional Trust Company, N.A.	22,198,682	6.32%
Vanguard Real Estate Index Fund	14,942,611	4.26%
Vanguard Total Stock Market Index Fund	9,759,969	2.78%

주주 구성을 보면 많은 지분을 미국의 빅3 운용사와 그들의 ETF가 보유하고 있음을 알 수 있다.

미국 월 배당 리츠 투자는 시세차익보다는 월 배당 수익이 목적이므로, 실제로 배당이 줄거나 끊이지 않고 지급되는지 파악하는 것이 무엇보다 중요하다. 이러한 배당 지급 내역은 증권사 HTS나 MTS를 통해 확인할 수 있는데, 리얼티 인컴의 경우 2020년 1월부터 12월까지 단 한 번의 배당컷(배당 삭감) 없이 월 배당금이 지급되었음을 알 수 있다. 심지어 코로나19로 인한 경제 위기 상황에서도 배당은 중단 없이 지급되었으며 3월부터 5월까지 소폭의 배당금 감소가 있긴 했으나 그 폭은

배당락일	지급일	발표일	배당금(달러)	배당주기
2020-12-31	2021-01-15	2020-12-08	0.2345	월
2020-11-30	2020-12-15	2020-11-10	0.234	월
2020-10-30	2020-11-13	2020-10-15	0.234	월
2020-09-30	2020-10-15	2020-09-17	0.234	월
2020-08-31	2020-09-15	2020-08-18	0.2335	월
2020-07-31	2020-08-14	2020-07-13	0.2335	월
2020-06-30	2020-07-15	2020-06-09	0.2335	월
2020-05-29	2020-06-15	2020-05-12	0.233	월
2020-04-30	2020-05-15	2020-04-13	0.233	월
2020-03-31	2020-04-15	2020-03-17	0.233	월
2020-02-28	2020-03-13	2020-02-13	0.2325	월
2020-01-31	2020-02-14	2020-01-14	0.2325	월

자료원: 리얼티 인컴 배당 내역

나는 주식 대신 달러를 산다

미미했다.

반면, 고배당 리츠로 알려진 애플 호스피탤리티Apple Hospitality 리츠의 경우는 리얼티 인컴의 사례와 무척 대조적이다. 2020년 3월부터 배당금이 아예 지급되지 않고 중단되어 버린 것이다.

배당락일	지급일	발표일	배당금(달러)	배당주기
2020-03-03	2020-03-16	2020-02-21	0.1	월
2020-02-03	2020-02-18	2020-01-21	0.1	월
2020-01-02	2020-01-15	2020-01-01	0.1	월

자료원: 애플 호스티탤리티 리츠 배당 내역

물론 이는 이 리츠가 투자하는 자산의 특성 탓이 크다. 애플 호스피탤리티 리츠는 호텔을 주요 부동산 자산으로 삼아 투자하는 리츠이기에 코로나19로 인한 타격을 직접적으로 받은 것이다. 이에 관광객 감소가 매출과 영업이익 감소로 이어지면서 배당금 지급도 중단될 수밖에 없었다.

따라서 리츠에 투자할 때는 해당 리츠가 보유한 자산이 관광용 호텔인지, 상업 시설인지, 병원 시설인지, 주거시설인지 등을 면밀하게 살펴볼 필요가 있다.

내가 투자 중인 미국 월 배당 리츠 5

O(리얼티 인컴)

주가(달러)	65.46	상장일	1994-10-18
시가 총액 (천 달러)	24,449,390 (약 27조 3,764억 원)	업종	주택 및 상업용 리츠
PER	48.72	PBR	2.15
배당 수익률	4.30%	배당 주기	월
주요 주주 구성	The Vanguard Group, Inc. (14.58%) State Street Global Advisors (US) (6.56%) BlackRock Institutional Trust Company, N.A. (6.35%)		

STAG(STAG INDUSTRIAL INC)

주가(달러)	34.79	상장일	2010-08-04
시가 총액 (천 달러)	5,533,683 (약 6조 1,821억 원)	업종	주택 및 상업용 리츠
PER	86.14	PBR	2.16
배당 수익률	4.20%	배당 주기	월
주요 주주 구성	The Vanguard Group, Inc. (13.47%) BlackRock Institutional Trust Company, N.A. (7.34%) Vanguard Real Estate Index Fund (4.21%)		

SLG(SL 그린 리얼티)

주가(달러)	71.90	상장일	1997-08-15
시가 총액 (천 달러)	4,986,325 (약 5조 5,714억 원)	업종	주택 및 상업용 리츠
PER	39.42	PBR	0.96
배당 수익률	5.03%	배당 주기	월

나는 주식 대신 달러를 산다

주요 주주 구성	The Vanguard Group, Inc. (16.57%)
	T. Rowe Price Associates, Inc. (7.38%)
	BlackRock Institutional Trust Company, N.A. (6.62%)

LTC(LTC 프로퍼티)

주가(달러)	43.51	상장일	1992-08-18
시가 총액 (천 달러)	1,707,480 (약 1조 9,141억 원)	업종	주택 및 상업용 리츠
PER	31.20	PBR	2.23
배당 수익률	5.24%	배당 주기	월
주요 주주 구성	BlackRock Institutional Trust Company, N.A. (15.80%) The Vanguard Group, Inc. (15.25%) iShares Core S&P Small-Cap ETF (6.66%)		

WSR(화이트스톤 리츠)

주가(달러)	9.55	상장일	2010-08-26
시가 총액 (천 달러)	405,672 (약 4,542억 원)	업종	주택 및 상업용 리츠
PER	89.44	PBR	1.22
배당 수익률	4.47%	배당 주기	월
주요 주주 구성	BlackRock Institutional Trust Company, N.A. (14.01%) The Vanguard Group, Inc. (10.14%) iShares Core S&P Small-Cap ETF (6.33%)		

* 시가 총액, 주가 등의 데이터는 2021년 4월 9일 기준

투자의 고수들은 실력이 더 좋은
플레이어가 승리하는 '승자의 게임'을 하지만,
나를 포함한 대부분의 평범한 투자자들은 실수가
잦은 플레이어가 패하는 '패자의 게임'을 한다.
그러니 우리의 전략은 비범한 결정을
내리기 위해 노력하기보다 실수를
줄이기 위해 노력하는
것이어야 한다.

나는 주식 대신 달러를 산다

1판 1쇄 발행 2021년 5월 30일
1판 27쇄 발행 2024년 2월 20일

지은이 박성현

발행인 양원석 **편집장** 박나미
영업마케팅 조아라, 이지원, 한혜원

펴낸 곳 ㈜알에이치코리아
주소 서울시 금천구 가산디지털2로 53, 20층 (가산동, 한라시그마밸리)
편집문의 02-6443-8865 **도서문의** 02-6443-8800
홈페이지 http://rhk.co.kr
등록 2004년 1월 15일 제2-3726호